KÜNSTLICHE INTELLIGENZ

DER UNGLAUBLICHE WANDEL

MIKE NOVATE

KÜNSTLICHE INTELLIGENZ

ISBN: 9798386212001

WIDMUNG

Es ist wichtig, dass wir uns bewusst sind, dass Künstliche Intelligenz in der Zukunft nicht nur Vorteile bringen wird, sondern auch großen Schaden anrichten kann.

Dieses Buch ist allen zukünftigen Opfern von KI-Systemen gewidmet.

Mögen wir uns gemeinsam für eine bessere Zukunft einsetzen.

INHALT

VORWORT

Der Fortschritt hat seit der Industrialisierung mit der Entwicklung von Künstlicher Intelligenz (KI) eine neue Dimension erreicht. In der Vergangenheit lag der Fokus wesentlich auf der Unterstützung von menschlicher Arbeit durch Maschinen. Die Künstliche Intelligenz zielt darauf ab, sich menschenähnliche Wahrnehmungs- und Entscheidungsstrukturen anzueignen. Dies ermöglicht es Maschinen erstmals Aufgaben ebenso gut oder sogar besser als ein Mensch auszuführen.

Durch diese menschenähnliche Handlungsweise ist es unbestritten, dass Künstliche Intelligenz (KI) das Potenzial hat, wirtschaftliche Strukturen grundlegend zu verändern. Die Auswirkungen auf Produktivität, Beschäftigung und Wirtschaftswachstum sind bereits spürbar. Doch auch die Folgen für die Marktstruktur, den Wettbewerb und die Innovation werden enorm sein.

Prognosen und Studien zu diesen Effekten kommen zu unterschiedlichen Ergebnissen. Während einige Experten davon ausgehen, dass die KI-Revolution zu einer deutlichen Erhöhung der Produktivität und damit zu einem Anstieg des Wohlstands führen wird, befürchten andere einen Verlust von Arbeitsplätzen und eine

Verschlechterung der Einkommensverteilung. Auch die Auswirkungen auf den Wettbewerb sind umstritten. Einerseits könnte die KI-Technologie dazu beitragen, neue Unternehmen und Branchen zu schaffen und damit den Wettbewerb beleben. Andererseits könnten etablierte Unternehmen mit großen Datenmengen und finanziellen Ressourcen einen Wettbewerbsvorteil gegenüber neuen Marktteilnehmern haben.

In Bezug auf Innovationen ist die KI ein zweischneidiges Schwert. Einerseits kann sie dazu beitragen, neue Ideen und Lösungen zu generieren, die bisher undenkbar waren. Andererseits könnten große Unternehmen mit Monopolstellungen die KI nutzen, um Innovationen zu unterdrücken und ihre Marktstellung zu sichern.

KI nutzt Verfahren, die es technischen Systemen ermöglichen, ihre Umgebung zu erfassen, Informationen zu verarbeiten und eigenständig Probleme zu lösen, Entscheidungen zu treffen, zu handeln und aus den Konsequenzen dieser Entscheidungen und Handlungen zu lernen. Darin liegt der entscheidende Fortschritt dieser neuen Technologie, hier verdeutlicht am Beispiel eines Programmierers: Bisher musste ein Programmierer genaue Kenntnisse über Programmiersprachen, Web-Design und Computerkenntnisse haben. Mit Hilfe von Suchmaschinen, wie z.B. Google oder Bing, konnte er Anleitungen, Unterstützung und teilweise auch Software-Bausteine aus dem Internet erhalten. Mit Hilfe der Künstlichen Intelligenz sind diese Kenntnisse nicht bzw. nur rudimentär erforderlich. KI kann mit der mündlichen bzw. schriftlichen Eingabe der Aufgabenstellung und der Beschreibung des Designs die Programmierung eigenständig entwickeln.

KI kann auch seine selbst genutzte Software autonom verändern und verbessern. Durch dieses selbständige Lernen wird ein technologischer Fortschritt erzielt werden, der in der Geschichte der Menschheit beispiellos sein wird. Die kommenden Jahre werden durch die KI einschneidend verändert werden.

Umso wichtiger ist es sich mit diesem Thema zu befassen, um die sich daraus ergebenden Chancen zu nutzen. Sie sollten sich aber auch bewusst sein über die großen Gefahren und Probleme, die durch die Anwendung von KI entstehen können. Darauf gehe ich verstärkt in diesem Buch ein. Dieses Buch gibt Ihnen eine Übersicht über die Bereiche der KI und viele Anregungen und Tipps, um direkt mit der Künstlichen Intelligenz zu beginnen.

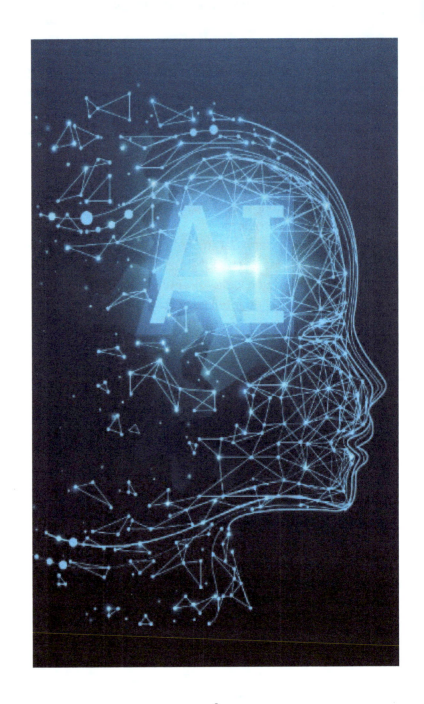

DIE GESCHICHTE DER KÜNSTLICHEN INTELLIGENZ

D ie Entwicklung der Künstlichen Intelligenz (KI), im Englischen Artificial Intelligence (AI) genannt, ist ein kontinuierlicher Prozess, der auf eine lange Geschichte zurückblickt. Der Beginn der KI als akademisches Feld geht auf die 1950er Jahre zurück, als Wissenschaftler wie John McCarthy und Marvin Minsky an der Entwicklung von Computern arbeiteten, die in der Lage sein sollten, wie menschliche Wesen zu denken und zu handeln.

In den frühen Jahren lag der Schwerpunkt auf der Entwicklung von Logik- und Regelsystemen, die es Computern ermöglichten, auf komplexe Probleme zu reagieren. Die Systeme der 1980er Jahre waren ein Beispiel dafür, wie durch das Zusammenführen von Regeln und Fakten in einer Wissensbasis Schlussfolgerungen gezogen werden konnten.

In den 1990er Jahren konzentrierte sich die KI auf statistische Ansätze wie maschinelles Lernen und neuronale Netze. Diese Ansätze ermöglichten es Computern, aus Erfahrungen zu lernen, anstatt auf vordefinierte Regeln und Fakten zurückzugreifen. Dadurch konnten Computer auf immer komplexere Probleme reagieren und in der Lage sein, beispielsweise Sprache zu verstehen und Bilder zu erkennen.

Die Fortschritte in der Rechenleistung und die Verfügbarkeit von großen Datenmengen führten in den 2000er Jahren zu einem Aufschwung in der KI-Entwicklung. Die Entwickler nutzten diese Fortschritte, um tiefe neuronale Netze zu trainieren und den Durchbruch des Deep Learning (Teilbereich der KI im Bereich neuronaler Netze) zu erzielen. Deep Learning hat die KI in Bereichen wie Computer Vision, Spracherkennung und NLP (Natural Language Processing) revolutioniert.

In den letzten Jahren hat die KI-Entwicklung auch bedeutende Fortschritte in der Autonomie gemacht. Autonome Systeme wie autonome Fahrzeuge und Drohnen werden immer fortgeschrittener und sind in der Lage, komplexe Aufgaben unabhängig und ohne menschliche Intervention auszuführen. Der Fortschritt der KI hat auch ethische und soziale Herausforderungen hervorgebracht, da KI-Systeme in vielen Bereichen menschliche Arbeit ersetzen können. Insgesamt hat die KI die Art und Weise verändert, wie wir mit Technologie umgehen und wie wir komplexe Probleme lösen können.

KI ist ein wichtiger Treiber für Innovationen in vielen Bereichen und hat das Potenzial, unsere Welt auf eine Weise zu verändern, die wir uns heute noch nicht vorstellen können.

Die Zukunft ist ungewiss - sicher ist, das KI ein Teil davon sein wird.

MENSCHLICHE VS. KÜNSTLICHE INTELLIGENZ

Menschliche und Künstliche Intelligenz sind zwei sehr unterschiedliche Konzepte, die sich sowohl in ihrer Entstehung als auch in ihrer Funktionsweise unterscheiden. Während menschliche Intelligenz das Ergebnis von Millionen von Jahren der Evolution ist, ist Künstliche Intelligenz das Ergebnis jahrzehntelanger wissenschaftlicher Forschung.

Menschliche Intelligenz basiert auf einem komplexen Netzwerk von Neuronen, die miteinander verbunden sind und Signale zwischen sich austauschen. Diese neuronale Aktivität ermöglicht es uns, zu denken, zu fühlen, zu lernen und zu handeln. Menschliche Intelligenz ist nicht nur auf das Gehirn beschränkt, sondern umfasst auch den Körper und die Sinne, die Informationen aufnehmen und verarbeiten.

Künstliche Intelligenz hingegen basiert auf Algorithmen und Datenverarbeitung. Die meisten Künstlichen Intelligenzsysteme arbeiten auf der Grundlage von Daten, die durch maschinelles Lernen und tiefe neuronale Netze analysiert werden. Diese Systeme sind in der Lage, Muster in Daten zu erkennen, um Vorhersagen zu treffen oder

Entscheidungen zu treffen. Die „Sinne" der KI sind z.B. Sensoren und Kameras.

Ein weiterer Unterschied zwischen menschlicher Intelligenz und Künstlicher Intelligenz besteht darin, dass menschliche Intelligenz eine hohe Anpassungsfähigkeit aufweist. Wir sind in der Lage, uns schnell an neue Situationen anzupassen und kreative Lösungen zu finden. Künstliche Intelligenz hingegen ist auf die Daten beschränkt, auf denen sie trainiert wurde. Wenn die Daten unvollständig oder nicht repräsentativ sind, kann dies zu Fehlern führen. Doch es besteht ein Unterschied in der emotionalen Intelligenz. Menschliche Intelligenz beinhaltet auch die Fähigkeit, Emotionen zu erkennen und zu regulieren. Wir können Empathie empfinden und unsere Emotionen regulieren, um effektiv zu kommunizieren und mit anderen zu interagieren. Künstliche Intelligenz hingegen hat (noch) keine Emotionen und kann daher nicht empathisch handeln. Die Forschung beschäftigt sich mit diesem Thema.

Zusammenfassend lässt sich sagen, dass menschliche Intelligenz auf einer Vielzahl von Faktoren basiert, darunter biologische, emotionale und kognitive Faktoren. Künstliche Intelligenz hingegen basiert auf Algorithmen und Datenverarbeitung. Obwohl KI in einigen Bereichen besser abschneiden kann als menschliche Intelligenz, bleibt die menschliche Intelligenz unübertroffen, wenn es darum geht, sich an neue Situationen anzupassen, kreativ zu sein, Emotionen zu erkennen und zu regulieren.

MASCHINELLES LERNEN

Maschinelles Lernen (ML) ist ein Kernthema der KI und umfasst Methoden, mit denen Computer aus Daten lernen. Dabei konzentriert man sich auf die Entwicklung von Algorithmen und Techniken, die es Computern ermöglichen, ihren eigenen Fortschritt zu gestalten, anstatt explizit programmiert zu werden. Im Gegensatz zu traditionellen Computerprogrammen, die mit klaren Anweisungen und Regeln arbeiten, verwendet das maschinelle Lernen Daten, um Muster und Zusammenhänge zu identifizieren, die es dem System ermöglichen, bessere Vorhersagen und Entscheidungen zu treffen.

Es gibt drei grundlegende Arten des maschinellen Lernens:

- Überwachtes Lernen ist die am häufigsten verwendete Form des maschinellen Lernens und wird in vielen Anwendungen wie Bilderkennung, Spracherkennung und Empfehlungssystemen eingesetzt. Hierbei wird dem System eine Menge von Trainingsdaten zur Verfügung gestellt, die aus Eingabe- und Ausgabepaaren bestehen. Das System nutzt diese Daten, um eine Funktion zu erstellen, die Eingabe- und Ausgabedaten korrekt zuordnet.

- Unüberwachtes Lernen wird verwendet, um Muster und Strukturen in unbeschrifteten Daten zu identifizieren. Im Gegensatz zum überwachten Lernen gibt es keine Ausgabeetiketten für die Daten. Stattdessen sucht das System nach Mustern und Zusammenhängen in den Daten und gruppiert sie entsprechend. Unüberwachtes Lernen wird oft in Anwendungen wie der Segmentierung von Kunden in Marketingdaten oder der Identifizierung von Anomalien in großen Datensätzen eingesetzt.

- Bestärkendes Lernen wird dafür verwendet, um Entscheidungsprobleme zu lösen, bei denen das System durch Interaktion mit seiner Umgebung lernen muss. Beim bestärkenden Lernen versucht das System, eine bestimmte Zielsetzung zu erreichen, indem es Aktionen ausführt, die eine Belohnung oder Bestrafung generieren. Das System passt seine Entscheidungen im Laufe der Zeit an, um die Belohnung zu maximieren und die Bestrafung zu minimieren. Bestärkendes Lernen wird oft in Anwendungen wie der Robotik, der Spiele-KI und der Finanzoptimierung eingesetzt.

Die Qualität der Trainingsdaten hat großen Einfluss auf die Effektivität und Qualität von maschinellem Lernen. Zudem ist das Trainieren von ML-Modellen meist sehr rechenaufwendig und zeitintensiv. Glücklicherweise haben Fortschritte in der Cloud-Computing-Infrastruktur und der Prozessor-Technologie geholfen, diese Hindernisse zu überwinden und die Entwicklung von ML-Modellen maßgeblich zu beschleunigen. Dies hat das Potenzial, die Art und Weise zu verändern, wie wir mit Computern interagieren und wie wir komplexe Probleme lösen. Es gibt eine Vielzahl von Anwendungen, bei denen maschinelles

Lernen eingesetzt wird, darunter Bild- und Spracherkennung, autonome Fahrzeuge, medizinische Diagnose, Betrugserkennung und Personalisierung von Diensten.

Ein weiteres wichtiges Thema im Zusammenhang mit dem maschinellen Lernen ist die Erklärbarkeit oder Interpretierbarkeit von Modellen. In vielen Anwendungen wie der medizinischen Diagnose oder der Kreditvergabe ist es wichtig zu verstehen, wie ein Modell zu seiner Entscheidung gekommen ist. Forscher arbeiten an Methoden, um diese Modelle interpretierbarer zu machen, um das Vertrauen der Benutzer in die Entscheidungen der Modelle zu erhöhen.

Wesentlich im Zusammenhang mit dem maschinellen Lernen ist die ethische Verantwortung. Es ist wichtig, dass Entwickler von KI-Systemen die moralischen Implikationen ihrer Arbeit berücksichtigen und sicherstellen, dass ihre Modelle gerecht und verständlich sind.

Berücksichtigt werden muss die Datensicherheit und der Datenschutz. Da KI-Modelle auf Daten angewiesen sind, ist es wichtig sicherzustellen, dass diese Daten geschützt und sicher aufbewahrt werden. Dies erfordert die Implementierung von Maßnahmen wie Verschlüsselung, Zugriffskontrolle und Anonymisierung von Daten.

Skalierbarkeit ist ein weiterer Aspekt des maschinellen Lernens. Bei Computern bezieht sich diese Eigenschaft auf die Fähigkeit eines Systems, sich an unterschiedliche Anforderungen anpassen und wachsen zu können. Das bedeutet, dass ein skalierbares Computersystem in der

Lage sein sollte, mit der Zunahme von Anfragen oder Lasten umzugehen, ohne dass die Leistung des Systems beeinträchtigt wird.

Es gibt verschiedene Arten von Skalierbarkeit:

Bei der horizontalen Skalierbarkeit (auch bekannt als "Scale-out") wird die Leistung des Systems erhöht, indem mehrere Computer oder Server hinzugefügt werden, die die Arbeit gemeinsam erledigen.

Bei der vertikalen Skalierbarkeit (auch bekannt als "Scale-up") wird die Leistung des Systems durch Hinzufügen von Ressourcen wie Prozessoren, Arbeitsspeicher oder Festplatten direkt auf einem einzelnen Computer oder Server verbessert.

Eine skalierbare Computerarchitektur ist besonders wichtig für Unternehmen und Organisationen, die mit wachsenden Datenmengen oder einer steigenden Anzahl von Benutzern umgehen müssen. Eine gut skalierbare Architektur ermöglicht es ihnen, ihre Systeme effizient zu erweitern, ohne dass größere Investitionen in neue Hardware oder Software erforderlich sind. Da immer mehr Daten verarbeitet werden und immer komplexere Modelle entwickelt werden, müssen KI-Systeme in der Lage sein, mit dieser Komplexität umzugehen. Dies erfordert oft den Einsatz von verteilten Systemen und leistungsfähigen Hardware-Ressourcen wie GPUs (Graphics Processing Unit) und TPUs (Tensor Processing Unit - ein neuentwickelter Prozessor für KI-Aufgaben).

Die Zusammenarbeit zwischen Menschen und Maschinen

stellt einen wesentlichen Bestandteil des maschinellen Lernens dar. In vielen Anwendungen wie der medizinischen Diagnose oder der Betrugserkennung ist es wichtig, dass KI-Systeme von Experten überwacht und unterstützt werden. Dies erfordert eine enge Zusammenarbeit zwischen Mensch und Maschine und eine klare Definition der Rollen und Verantwortlichkeiten.

Maschinelles Lernen ist ein sehr wichtiger Teil der Künstlichen Intelligenz und hat das Potenzial, viele Aspekte unseres Lebens zu verändern. Es gibt jedoch auch Herausforderungen im Zusammenhang mit der Entwicklung und dem Einsatz von ML-Modellen, die berücksichtigt werden müssen, um sicherzustellen, dass KI-Systeme zum Nutzen der Gesellschaft verwendet werden.

Die Vorhersage von zukünftigen Ereignissen und Trends ist eine weitere Anwendung des maschinellen Lernens. Dabei werden KI-Modelle trainiert, um aufgrund von historischen Daten und Mustern Vorhersagen über zukünftige Ereignisse zu treffen. Dieses Verfahren des maschinellen Lernens findet zum Beispiel im Bereich des Aktienhandels oder in der Berechnung von Wahrscheinlichkeiten Anwendung.

Weitere Anwendungsgebiete des maschinellen Lernens sind die automatische Spracherkennung, die Textanalyse und die natürliche Sprachverarbeitung (NLP). NLP-Systeme verwenden KI-Methoden, um menschliche Sprache zu verstehen, zu interpretieren und zu generieren. Diese Technologie findet Anwendung zum Beispiel in der Automatisierung von Kundenservice, Chatbots, Spracherkennungssoftware, Übersetzungsprogrammen und Voice-Assistants wie Alexa oder Siri. Die bisher eingesetzten Sprachcomputer bei Callcentern, die nur sehr eingeschränkt Kundenanfragen verstehen und verarbeiten können, werden zukünftig durch KI einen fast menschlichen Eindruck vermitteln.

Auch die Bild- und Videoanalyse ist ein Betätigungsfeld der KI. Hier werden KI-Modelle eingesetzt, um Bilder und Videos zu analysieren und zu interpretieren. Diese Anwendung findet zum Beispiel im Bereich der medizinischen Bildgebung Anwendung, wo KI-Modelle verwendet werden, um Krankheiten zu diagnostizieren und zu behandeln, oder in der Bekämpfung der Kriminalität.

Neben den praktischen Anwendungen hat das maschinelle Lernen auch das Potenzial, viele wissenschaftliche Durchbrüche zu ermöglichen. So können KI-Modelle eingesetzt werden, um komplexe wissenschaftliche Probleme zu lösen, wie zum Beispiel die Vorhersage der Struktur von Proteinen oder die Entdeckung neuer Materialien. Sie können auch darauf trainiert werden, die Erzeugung von kreativen Inhalten wie Musik, Kunst und Literatur mit menschenähnlichen ideenreichen Leistungen zu erbringen, indem sie beispielsweise Muster und Stile aus bestehenden Werken lernen und sie in neuen Zusammenhängen anwenden. Diese Technologie wird als "Generative Adversarial Network" (GAN) bezeichnet und findet in Bereichen wie der Bild- und Musikgenerierung Anwendung.

Der Robotik kommt eine besondere Bedeutung zu. Hier können KI-Systeme verwendet werden, um Roboter zu trainieren, Aufgaben in einer unstrukturierten Umgebung auszuführen. Dazu gehört beispielsweise das Greifen und

Bewegen von Objekten, das Navigieren in einer Umgebung und das Interagieren mit Menschen. Dieser Bereich hat eine große Zukunft vor sich, leider birgt er auch große Gefahren wie durch den Einsatz von autonom agierenden militärischen Systemen.

Von Vorteil ist der Einsatz in der Cyber-Sicherheit. KI-Systeme werden zur Erkennung von Angriffen und zur Vorhersage von Bedrohungen eingesetzt. Diese Technologie kann auch verwendet werden, um Schwachstellen in IT-Systemen zu identifizieren und zu beheben.

Das maschinelle Lernen kann auch verwendet werden, um soziale und wirtschaftliche Probleme zu lösen. KI-Modelle können beispielsweise verwendet werden, um die Ausbreitung von Krankheiten zu überwachen und vorherzusagen, oder um wirtschaftliche Trends zu analysieren und Vorhersagen zu treffen.

Es gibt jedoch auch Bedenken im Zusammenhang mit dem Einsatz von KI-Systemen. Dazu gehören Befürchtungen hinsichtlich der Privatsphäre und Sicherheit von Daten, der möglichen Verzerrung von Entscheidungen und der potenziellen Auswirkungen auf Arbeitsplätze und die Gesellschaft im Allgemeinen. Darüber hinaus kann das maschinelle Lernen auch zur Vorhersage von Ereignissen und zur Entscheidungsfindung verwendet werden. Beispielsweise können KI-Modelle in der Finanzbranche zur Vorhersage von Finanz-Kursen oder zur Bewertung von Kreditrisiken eingesetzt werden. Im Bereich der Verkehrsplanung kann das maschinelle Lernen dazu beitragen, Verkehrsflüsse zu beschleunigen und Staus zu verringern. In der Industrie und anderen Branchen können Prozesse automatisiert werden. Beispielsweise könnte in der Produktion die Effizienz gesteigert und Fehler reduziert werden.

Das maschinelle Lernen kann auch dazu beitragen, Umweltprobleme zu lösen und Nachhaltigkeit zu fördern. Beispielsweise kann es zur Vorhersage von Wetterereignissen, zur Optimierung von Energieeffizienz und zur Überwachung von Umweltbedingungen eingesetzt werden.

Insgesamt hat maschinelles Lernen die Künstliche Intelligenz (KI) zum schnellst wachsenden und vielversprechendsten Technologiefeld gemacht. Es bietet großartige Chancen, um Prozesse zu verbessern und Probleme zu lösen sowie Neuerungen hervorzubringen. Gleichzeitig ist es wesentlich, die möglichen Auswirkungen und Herausforderungen, in Zusammenhang mit der Verwendung von KI-Systemen, ins Kalkül mitzuziehen und sicherzustellen, dass deren Entwicklung und Einsatz ethische und verantwortungsbewusste Ideale beachten.

DEEP LEARNING

Deep Learning (DL) ist ein Teilbereich des maschinellen Lernens, der sich auf künstliche neuronale Netze und die Verarbeitung großer Datenmengen konzentriert. Deep-Learning-Methoden haben in den letzten Jahren bahnbrechende Fortschritte in Bereichen wie Computer Vision, Spracherkennung und Natural Language Processing (NLP) erzielt.

Hierbei handelt es sich um ein hochgradig flexibles und skalierbares Verfahren, das in der Lage ist, komplexe Muster in großen Datensätzen zu identifizieren und zu lernen. Im Gegensatz zu traditionellen Machine-Learning-Modellen, die sich auf die Identifizierung von einfachen Mustern oder Regeln beschränken, können Deep-Learning-Modelle tiefere und komplexere Schichten von Mustern lernen, die sonst schwer zu erkennen wären. Die dabei verwendeten künstlichen neuronalen Netze bestehen aus Computermodellen, die biologisch inspirierte Algorithmen verwenden, um Muster in Daten zu erkennen und Prognosen zu treffen. Diese Netzwerke bestehen aus mehreren Schichten von miteinander verbundenen Neuronen, die Daten in einer hierarchischen Struktur verarbeiten. Jede Schicht verarbeitet die Daten auf einer höheren Abstraktionsebene als die vorherige Schicht.

Das Konzept des Deep Learning basiert auf dem menschlichen Gehirn, das ebenfalls aus miteinander verbundenen Neuronen besteht. Es ermöglicht es, komplexe Muster und Zusammenhänge in großen Datensätzen zu erkennen und automatisch zu lernen, ohne dass eine explizite Programmierung erforderlich ist.

Die Anwendungsbereiche des Deep Learning sind breit gefächert. Eine wichtige Anwendung ist die Bild- und Spracherkennung. Durch die Verwendung von Deep-Learning-Modellen können Computer Bilder und Sprache auf ähnliche Weise wie Menschen erkennen und verstehen oder Objekte in Bildern identifizieren. Diese Technologie wird beispielsweise in der Gesichtserkennung, in selbstfahrenden Autos und in der automatischen Übersetzung von Texten eingesetzt.

Deep-Learning-Modelle können auch zur Erstellung von Bildern verwendet werden, beispielsweise zur Erzeugung von realistisch aussehenden Gesichtern oder zur Erstellung von Kunstwerken.

Ein weiteres Anwendungsgebiet des DL ist die Erzeugung von Inhalten. Deep-Learning-Modelle können beispielsweise dazu verwendet werden, Verbesserungen für das automatische Generieren von Bildern, Musik und sogar Texten zu erbringen. In der Kunstindustrie wird dies beispielsweise für die Erstellung von Gemälden und Skulpturen genutzt.

Möglichkeiten gibt es auch für die Vorhersage und Entscheidungsfindung. In der Medizin können DL-Modelle beispielsweise zur Prognose von Krankheiten oder zur

Identifizierung von Krebszellen in Scans eingesetzt werden. In der Finanzbranche errechnen sie Voraussagen von Markttrends oder verrichten ihre Dienste in der Bewertung von Anlagen.

Eine weitere Anwendung von Deep Learning ist die Robotik. Roboter können mit Deep-Learning-Modellen ausgestattet werden, um autonom agieren und komplexe Aufgaben auszuführen. Dies ist insbesondere in der Fertigungsindustrie von Bedeutung, in der Roboter in der Lage sein müssen, Objekte zu erkennen und zu greifen.

Insgesamt ist Deep Learning eine mächtige Technologie, die es ermöglicht, komplexe Muster und Zusammenhänge in großen Datensätzen zu erkennen und zu lernen. Es hat bereits zu zahlreichen Durchbrüchen in der Künstlichen Intelligenz geführt und bietet enorme Möglichkeiten zur Verbesserung von Prozessen, zur Lösung von Problemen und zur Schaffung neuer Innovationen.

Ein wichtiger Aspekt von Deep Learning ist die Fähigkeit, unstrukturierte Daten wie Bilder, Sprache und Texte zu verarbeiten. Traditionelle Machine-Learning-Modelle arbeiten in der Regel nur mit strukturierten Daten wie Tabellen oder Listen, während Deep-Learning-Modelle in der Lage sind, unstrukturierte Daten direkt zu verarbeiten. Dies ermöglicht es Deep-Learning-Modellen, hochkomplexe Aufgaben zu lösen, bei denen menschliche Intelligenz gefragt ist. Und hier tritt die KI sogar in Konkurrenz zu Entscheidungsträgern, wie z.B. Managern. KI-Systeme könnten mittel- bis langfristig das untere und mittlere Management ersetzen, da auf Basis von relevanten Daten Entscheidungen blitzschnell getroffen werden können. Dem oberen Management wird es vermutlich noch etwas länger gelingen die Position zu halten.

Ein weiteres wichtiges Merkmal von Deep Learning ist die Möglichkeit, die Modelle durch Backpropagation zu trainieren. Backpropagation ist ein Verfahren zur Berechnung der Fehlergradienten des Modells, die dazu beitragen, die Gewichte und Verbindungen zwischen den Neuronen im Netzwerk anzupassen. Indem die Fehlergradienten durch das Netzwerk zurückgeleitet werden, kann das Modell lernen, welche Gewichte und Verbindungen zwischen den Neuronen zu einer besseren Leistung führen.

Ein entscheidender Faktor für den Erfolg von Deep Learning ist die Verfügbarkeit großer Datensätze. Die Qualität der Ergebnisse hängt in hohem Maße von der Qualität und Größe des Datensatzes ab, auf dem das Modell trainiert wird. Durch die Verwendung von immer größeren Datensätzen können Deep-Learning-Modelle komplexe Muster und Zusammenhänge besser erkennen und lernen. Eine der Herausforderungen von Deep Learning ist die Interpretierbarkeit der Ergebnisse. Aufgrund der komplexen Struktur des Modells ist es oft schwierig zu verstehen, wie das Modell zu einer bestimmten Entscheidung kommt. Dies kann ein Problem in kritischen Anwendungen wie der Medizin oder dem Recht darstellen, bei denen es wichtig ist, die Entscheidungen des Modells nachvollziehen und erklären zu können.

Ein weiteres Beispiel für die Anwendung von Deep Learning ist die Spracherkennung. Deep-Learning-Modelle können dazu trainiert werden, menschliche Sprache zu erkennen und in Text umzuwandeln. Dies ermöglicht es, Sprachassistenten wie Siri oder Alexa zu entwickeln, die auf gesprochene Befehle reagieren. Deep-Learning-Modelle können auch zur Erzeugung von Sprache verwendet werden, beispielsweise zur Erstellung von Text-to-Speech-Systemen.

Ein wichtiger Fortschritt im Bereich des Deep Learning ist die Entwicklung von Convolutional Neural Networks (CNN). Diese Art von neuronalen Netzwerken ist besonders gut geeignet für die Verarbeitung von Bildern und Videos. CNNs sind in der Lage, automatisch Merkmale aus Bildern zu extrahieren und können daher zur Objekterkennung, Gesichtserkennung oder zur Klassifizierung von Bildern verwendet werden. Ebenfalls in der Entwicklung ist die Anwendung von Recurrent Neural Networks (RNN). Diese Art von neuronalen Netzwerken ist besonders gut geeignet für die Verarbeitung von sequenziellen Daten wie Texten oder Audio. RNNs werden in der Lage sein, Zusammenhänge zwischen den einzelnen Elementen der Sequenz zu erkennen und können daher zur Spracherkennung, Übersetzung, Textverständnis oder zur Zusammenfassung von Texten verwendet werden.

Insgesamt bietet Deep Learning enorme Möglichkeiten, um komplexe Aufgaben zu lösen und neue Innovationen zu schaffen. Die Technologie wird in immer mehr Bereichen eingesetzt, von der Bild- und Spracherkennung bis hin zur Medizin und Robotik. Mit der Weiterentwicklung von Deep-Learning-Modellen und der Verfügbarkeit großer Datensätze werden sich in Zukunft noch weitere Anwendungsgebiete für diese Technologie eröffnen.

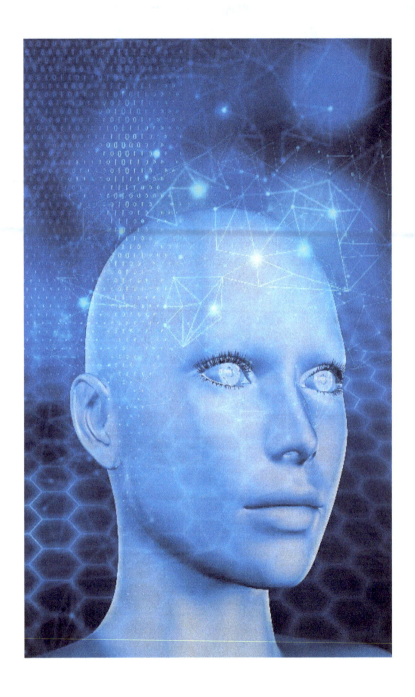

COMPUTER VISION

Computer Vision ist ein Bereich der KI, der sich auf die Entwicklung von Algorithmen zur Verarbeitung und Interpretation von visuellen Daten konzentriert. Dies umfasst Themen wie Bilderkennung, Objekterkennung und -verfolgung, Gesichtserkennung und -verifizierung sowie die Analyse von Videodaten.

Die Verarbeitung und Analyse von visuellen Informationen befähigt Computern das Sehen und Interpretieren von Bildern und Videos, um automatisierte Aufgaben wie beispielsweise Bildklassifizierung oder autonome Navigation in der physischen Welt durchzuführen.

In der Computer-Vision-Forschung werden verschiedene Technologien und Algorithmen entwickelt, um Bilder und Videos zu verarbeiten und zu analysieren.

Hier sind einige wichtige Technologien im Bereich der Computer Vision:

- Bildverarbeitung: Hierbei handelt es sich um die grundlegenden Technologien zur Bearbeitung von Bildern, einschließlich Filterung, Kontrastanpassung, Farbkorrektur und Skalierung. Diese Technologien bilden die Basis für fortgeschrittene Anwendungen in der Computer Vision.

- Objekterkennung: Dies ist die Technologie, mit der Computer Objekte in einem Bild erkennen. Dazu gehören auch Technologien wie Gesichtserkennung, die oft in Anwendungen wie Überwachung und Verkehrskontrolle eingesetzt werden. Ebenso können Waffen, die von Personen gehalten werden, automatisch erkannt werden.

- Segmentierung: Hierbei handelt es sich um die Technologie, mit der Computer Bilder in einzelne Regionen oder Objekte aufteilen. Die Segmentierung ermöglicht es, Objekte oder Regionen in Bildern genau zu identifizieren und zu isolieren, was in vielen Anwendungen sehr nützlich sein kann.

- Klassifizierung: Computer können mit dieser Technologie Bilder in verschiedene Kategorien oder Klassen einordnen. Klassifizierungstechnologien werden oft in Anwendungen wie der medizinischen Diagnostik, der Qualitätskontrolle oder der Bilderkennung eingesetzt. –

- Tracking: Hierbei handelt es sich um die Technologie, mit der Computer die Bewegung von Objekten in Bildern oder Videos verfolgen. Das Tracking ist in vielen Anwendungen wichtig, wie z.B. bei der Überwachung von Verkehrsflüssen oder bei der Navigation von autonomen Fahrzeugen aber auch im militärischen Bereich der Zielerfassung und -verfolgung. –

- 3D-Rekonstruktion: Hierbei handelt es sich um die Technologie, mit der Computer dreidimensionale Modelle von Objekten oder Szenen aus zweidimensionalen Bildern oder Videos erstellen. 3D-Rekonstruktion kann in vielen Anwendungen nützlich sein, wie z.B. bei der virtuellen Produktionsplanung oder der medizinischen Bildgebung.

In jüngster Zeit hat die Entwicklung von Computer Vision enorme Fortschritte verzeichnet und wird bereits heute in vielen Industrien und Anwendungsfeldern weit verbreitet eingesetzt. Mit der Weiterentwicklung von Deep-Learning-Modellen und der Möglichkeit der Verarbeitung großer Datensätze werden sich in Zukunft noch weitere Anwendungsgebiete für die Computer-Vision-Technologie eröffnen. In diesem Bereich gibt es noch viele Herausforderungen, die es zu erforschen gilt.

Hier sind einige weitere wichtige Themen: -

- Komplexe Objektlokalisierung: Hierbei geht es um die Aufgabe, nicht nur ein Objekt in einem Bild zu erkennen, sondern auch seine genaue Position zu bestimmen. Das ist wichtig, um zum Beispiel bei autonomen Fahrzeugen Hindernissen ausweichen zu können oder bei der Montage von Bauteilen die korrekte Positionierung sicherzustellen.

- Semantische Segmentierung: Hierbei handelt es sich um eine erweiterte Form der Segmentierung, bei der jedes Pixel im Bild einer bestimmten Klasse zugeordnet wird. Dies kann in vielen Anwendungen, wie z.B. der autonomen Navigation oder der medizinischen Diagnostik, sehr nützlich sein.

- Aktions- und Verhaltenserkennung: Hier geht es darum, menschliches Verhalten oder Aktionen in einem Video zu erkennen und zu klassifizieren. Das kann der Überwachung dienen, zum Beispiel beim Erkennen von verdächtigem Verhalten von Personen oder auch in der Mensch-Maschine-Interaktion hilfreich sein.

- Bildgenerierung: Auf Basis von vorhandenen Bildern

werden neue Bilder generiert, die ähnliche Merkmale aufweisen. Diese Technologie kann in vielen Bereichen eingesetzt werden, z.b. um fehlende Daten zu ergänzen oder um realistische Bilder von Produkten zu erzeugen, die noch gar nicht produziert wurden. –

- Robuste Objekterkennung: Hierbei geht es darum, Objekte auch unter schwierigen Bedingungen zu erkennen, z.B. bei schlechtem Licht, Verdeckungen oder Unschärfe. Robuste Objekterkennung ist wichtig für Anwendungen wie autonome Fahrzeuge oder Robotik, bei denen eine zuverlässige Erkennung von Objekten und Hindernissen unerlässlich ist.

Computer Vision ist ein spannendes und schnell wachsendes Feld der Künstlichen Intelligenz, das in vielen Anwendungen sehr lohnend sein kann. Diese Computer-Vision-Technologie wird in Zukunft noch leistungsfähiger werden und viele neue Anwendungsgebiete erschließen.

NATURAL LANGUAGE PROCESSING

Natural Language Processing (NLP) ist ein Bereich der KI, der sich mit der Verarbeitung und Analyse menschlicher Sprache befasst. Hierzu gehören Themen wie maschinelle Übersetzung, Textanalyse und Sentiment-Analyse. Ziel des NLP ist es, Computern das Verständnis, die Verarbeitung und die Generierung von natürlicher Sprache zu ermöglichen.

NLP umfasst eine breite Palette von Technologien und Anwendungen, die alle auf die Verarbeitung von Sprache abzielen.

Einige der wichtigsten Themen und Anwendungen im NLP sind:

- Sprachverarbeitung und Analyse: Hier arbeitet man daran, die Bedeutung von Texten zu verstehen und sie in strukturierte Daten umzuwandeln. Dies kann z.B. bei der automatischen Kategorisierung von Texten, der Extraktion von Schlüsselwörtern oder der Zusammenfassung von Texten nützlich sein.

- Spracherkennung und Sprachsynthese: Es geht hier um die Fähigkeit von Computern, gesprochene Sprache zu erkennen und zu synthetisieren. Spracherkennung kann in vielen Anwendungen, wie z.b. der Sprachsteuerung von Geräten oder der automatischen Transkription von Sprachaufnahmen, nützlich sein. Sprachsynthese kann dazu verwendet werden, um Sprache aus Texten zu generieren, wie z.b. in Sprachassistenten oder der automatisierten Erstellung von Sprachnachrichten.

- Sentiment-Analyse: Dies ist ein Bereich, um die Stimmung oder Emotionen, die in einem Text ausgedrückt werden, zu erkennen und zu analysieren. Sentiment-Analyse kann in vielen Anwendungen, wie z.b. der Überwachung von Social-Media-Kanälen oder der Auswertung von Kundenbewertungen, nützlich sein.

- Chatbots und virtuelle Assistenten: Man arbeitet daran, computergestützte Systeme zu entwickeln, die in der Lage sind, menschenähnliche Gespräche zu führen. Chatbots und virtuelle Assistenten können in vielen Anwendungen, wie z.b. der Kundenbetreuung oder der Personalisierung von Dienstleistungen, eingesetzt werden. Callcenter könnten zukünftig, mit dieser Technologie ausgestattet, autonom funktionieren.

- Machine Translation: Hierbei geht es darum, automatisierte Systeme zu entwickeln, die menschliche Sprachen in andere Sprachen übersetzen. Machine Translation kann in vielen Anwendungen, wie z.b. der Übersetzung von Webseiten, der Erstellung von Untertiteln für Videos oder der Simultanübersetzung nützlich sein.

NLP ist ein sich schnell entwickelndes Feld, das durch den Einsatz von Deep-Learning-Modellen und die Verfügbarkeit großer Datensätze immer leistungsfähiger wird. Mit der

Fortschreitung der Technologie wird NLP immer mehr in unseren Alltag integriert, was zu einer besseren Interaktion zwischen Mensch und Maschine führen kann.

Natürliche Sprache ist sehr komplex und nuanciert, da sie von vielen Faktoren wie Kontext, kulturellen Unterschieden und persönlichen Interpretationen beeinflusst wird. Deshalb ist die Entwicklung von leistungsfähigen NLP-Modellen eine Herausforderung.

Hier sind einige weitere Aspekte, die bei der Entwicklung von NLP-Systemen berücksichtigt werden müssen:

- Polysemie: Ein Wort kann mehrere Bedeutungen haben, je nachdem, in welchem Kontext es verwendet wird. Beispielsweise hat das Wort "Bank" unterschiedliche Bedeutungen, je nachdem, ob es sich um eine Finanzinstitution oder eine Sitzgelegenheit handelt. NLP-Modelle müssen in der Lage sein, die Bedeutung eines Wortes im Kontext zu verstehen.

- Ironie und Sarcasm: In menschlicher Sprache wird oft Ironie oder Sarkasmus verwendet, um eine andere Bedeutung auszudrücken, als wörtlich gesagt wird. NLP-Modelle müssen in der Lage sein, diese subtilen Unterschiede zu erkennen, um eine genaue Interpretation des Textes zu ermöglichen.

- Ambiguität: Ein Satz kann mehrdeutig sein, wenn er mehrere Interpretationen zulässt. Beispielsweise kann der Satz "Ich sah den Mann mit dem Fernglas" entweder bedeuten, dass ich den Mann durch ein Fernglas sah oder dass der Mann das Fernglas bei sich trug. NLP-Modelle müssen in der Lage sein, den Kontext zu analysieren, um die richtige Interpretation zu wählen.

- Übersetzung: Die Übersetzung von Texten von einer Sprache in eine andere ist eine der schwierigsten Aufgaben im NLP. Die Bedeutung von Wörtern und Sätzen kann zwischen Sprachen variieren, und einige Sprachen haben grammatische Strukturen, die sehr unterschiedlich sind. Machine Translation-Systeme müssen in der Lage sein, diese Unterschiede zu berücksichtigen, um eine genaue Übersetzung zu gewährleisten.

- Datenschutz: NLP-Modelle arbeiten oft mit sensiblen Daten wie persönlichen Informationen oder medizinischen Aufzeichnungen. Der Schutz der Daten ist daher ein wichtiger Aspekt bei der Entwicklung von NLP-Systemen, um sicherzustellen, dass diese Daten sicher und vertraulich behandelt werden.

Insgesamt bietet NLP ein enormes Potenzial für die Automatisierung von Aufgaben, die bisher nur von Menschen ausgeführt wurden. Durch die Entwicklung von leistungsfähigen NLP-Modellen können Unternehmen die Effizienz ihrer Prozesse steigern, die Kundenerfahrung verbessern und personalisierte Dienstleistungen anbieten. Allerdings gibt es auch eine Schattenseite, zum Beispiel für Vertriebs- und Callcentermitarbeiter. Diese Jobs könnten bald vollständig von KI übernommen werden.

AUTONOME SYSTEME

Autonome Systeme sind Systeme, die in der Lage sind, Entscheidungen unabhängig und ohne menschliche Intervention zu treffen.

Autonome Systeme, die auf Künstlicher Intelligenz (KI) basieren, haben in den letzten Jahren immer mehr an Bedeutung gewonnen. Diese Systeme können eine Vielzahl von Aufgaben ausführen, ohne menschliche Interaktion oder Eingriffe. Einige der Anwendungen autonomer Systeme umfassen autonome Fahrzeuge, Drohnen, Roboter und automatisierte Systeme in der Fertigung. In diesem Essay werden wir uns mit den verschiedenen Aspekten autonomer Systeme auf KI-Basis befassen.

Autonome Fahrzeuge

Autonome Fahrzeuge sind ein aufstrebender Bereich der KI, in dem autonome Systeme eingesetzt werden, um Fahrzeuge zu steuern, die kein menschliches Eingreifen erfordern. Autonome Fahrzeuge können eine Reihe von Vorteilen bieten, wie zum Beispiel eine verbesserte Sicherheit, höhere Effizienz und geringere Betriebskosten. Die Technologie hinter autonomen Fahrzeugen umfasst viele Aspekte der KI, einschließlich maschinellem Lernen und Computer Vision. Autonome Fahrzeuge verwenden

Sensoren wie Kameras und Radar, um ihre Umgebung zu erfassen und Entscheidungen über das Fahren zu treffen. Darüber hinaus werden autonome Fahrzeuge zukünftig mit Systemen ausgestattet, die es ihnen ermöglicht, mit anderen Fahrzeugen und dem Verkehrssystem zu kommunizieren.

Autonome Drohnen

Autonome Drohnen sind ein weiteres Anwendungsgebiet der KI, um Drohnen zu steuern, die keine menschlichen Eingriffe erfordern. Diese Systeme haben eine Reihe von Anwendungen, wie zum Beispiel in der Überwachung von Infrastrukturen, der Lieferung von Paketen und der Unterstützung von Such- und Rettungsmissionen. Wie bei autonomen Fahrzeugen verwenden autonome Drohnen Sensoren und Kameras, um ihre Umgebung zu erfassen und Entscheidungen zu treffen. Die Technologie hinter autonomen Drohnen umfasst auch maschinelles Lernen und Computer Vision.

Autonome Roboter

Autonome Roboter sind ein weiteres Beispiel für autonome Systeme auf KI-Basis. Autonome Roboter werden in einer Vielzahl von Anwendungen eingesetzt, wie zum Beispiel in der Fertigung, im Gesundheitswesen und in der Landwirtschaft. Zukünftig auch verstärkt im Bereich des Militärs. Autonome Roboter können eine Vielzahl von Aufgaben ausführen, von einfachen Arbeiten wie dem Aufnehmen von Objekten bis hin zu Komplexeren, wie der Navigation durch unebenes Gelände. Die Technologie hinter autonomen Robotern umfasst ebenfalls maschinelles Lernen und Computer Vision. Autonome Roboter verwenden Sensoren und Kameras, um ihre

Umgebung zu erfassen und Entscheidungen zu treffen.

Es gibt jedoch auch einige Herausforderungen bei der Entwicklung von autonomen Systemen auf KI-Basis. Eine dieser Herausforderungen ist die Notwendigkeit von besonders sensiblen Sensoren und hochauflösenden Kameras, um die Umgebung unter schwierigen Bedingungen zu erfassen. Ein weiteres Problem ist, dass autonome Systeme auf KI-Basis manchmal Entscheidungen treffen, die für Menschen schwer nachzuvollziehen sind. Dies führt zu Problemen, die vorher noch nicht bedacht wurden. Daher bedarf es einer Überwachung durch Menschen bzw. zukünftig durch die KI-Systeme selbst.

Eine der größten Herausforderungen bei der Entwicklung autonomer Systeme ist die Sicherheit. Autonome Systeme müssen in der Lage sein, in verschiedenen Situationen angemessen zu reagieren, und dürfen keine Gefahr für Menschen darstellen. Ein weiteres Problem ist die menschliche Akzeptanz. Viele Menschen sind skeptisch gegenüber autonomen Systemen, insbesondere wenn es um den Einsatz von autonomen Fahrzeugen bzw. Flugzeugen geht.
Um diese Herausforderungen zu meistern, müssen autonome Systeme gründlich getestet und validiert werden. Eine Möglichkeit hierfür sind Simulationen, die es ermöglichen, verschiedene Szenarien zu testen, bevor die Systeme in der realen Welt eingesetzt werden. Eine weitere Möglichkeit ist die Zusammenarbeit von Mensch und Maschine. Hierbei wird die Maschine als Werkzeug eingesetzt, um den Menschen bei verschiedenen Aufgaben zu unterstützen.

Insgesamt sind autonome Systeme ein wichtiger

Bestandteil der KI und haben das Potenzial, viele verschiedene Bereiche zu revolutionieren. Allerdings gibt es noch einige Herausforderungen zu meistern, insbesondere in Bezug auf menschlichen Zuspruch.

Ein wichtiger Aspekt bei autonomen Systemen ist die Ethik. Wenn autonome Systeme Entscheidungen treffen, müssen sie ethische Prinzipien berücksichtigen, um sicherzustellen, dass ihre Handlungen den moralischen Standards entsprechen. Es gibt auch eine Debatte darüber, wer die Rechenschaft für Entscheidungen trägt, die von autonomen Systemen getroffen werden. Zum Beispiel, wenn ein autonomes Fahrzeug in einen Unfall verwickelt ist, wer ist dann verantwortlich: der Fahrzeughersteller, der Programmierer oder der Fahrer?

Die Datenqualität spielt ebenfalls eine wichtige Rolle. Autonome Systeme benötigen große Mengen an Daten, um lernen zu können, aber es ist wichtig sicherzustellen, dass diese Daten von hoher Qualität sind. Schlechte Daten führen dazu, dass autonome Systeme falsche Entscheidungen treffen oder unerwartetes oder gefährliches Verhalten zeigen.

Ein weiteres Thema im Zusammenhang mit autonomen Systemen ist die Privatsphäre. Autonome Systeme sammeln oft Daten über die Umgebung und die Benutzer, um ihre Entscheidungen zu treffen. Es ist wichtig sicherzustellen, dass diese Daten sicher und vertraulich behandelt werden und dass die Benutzer die Kontrolle darüber haben, wie ihre Daten verwendet werden.

Schließlich ist auch die Interoperabilität ein wichtiger Aspekt bei autonomen Systemen. Wenn verschiedene autonome Systeme zusammenarbeiten sollen, müssen sie in der Lage sein, miteinander zu kommunizieren und zu kooperieren. Dies erfordert einheitliche Standards und Protokolle, um sicherzustellen, dass die Systeme reibungslos zusammenarbeiten.

Gesamtbetrachtet haben autonome Systeme das Potenzial, viele verschiedene Bereiche zu revolutionieren, von der Industrie bis hin zur Medizin. Es ist wichtig, dass wir diese Herausforderungen angehen, um sicherzustellen, dass autonome Systeme sicher eingesetzt werden können.

ETHIK UND VERANTWORTUNG

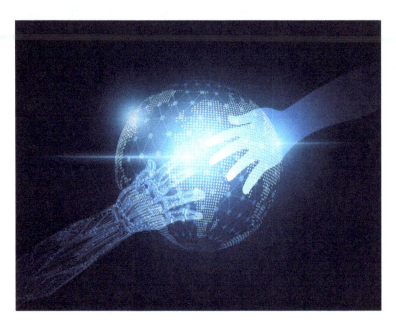

Die Entwicklung und Anwendung von KI wirft zahlreiche Fragen auf, wie z.B. die Vermeidung von Voreingenommenheit und Diskriminierung, Transparenz und Verantwortlichkeit.

Künstliche Intelligenz (KI) ist ein Bereich der Informatik, der sich mit der Entwicklung von Algorithmen und Systemen beschäftigt, die in der Lage sind, menschenähnliche Denk-

und Handlungsprozesse zu imitieren. Die Anwendung von KI hat in den letzten Jahren stark zugenommen und ist mittlerweile in vielen Bereichen des täglichen Lebens zu finden, von der Personalisierung von Werbung bis hin zur Unterstützung von Diagnosen in der Medizin. Mit der zunehmenden Verbreitung von KI-Systemen wird auch die Diskussion um die moralischen Implikationen dieser Technologie immer wichtiger. Ein zentrales Anliegen besteht darin, sicherzustellen, dass KI-Systeme im Einklang mit moralischen Prinzipien und gesetzlichen Vorgaben arbeiten und keinen Schaden verursachen.

Ein wichtiges Prinzip im Zusammenhang mit KI ist das Prinzip der Verantwortung. Unternehmen und Entwickler, die KI-Systeme entwickeln, haben sicherzustellen, dass ihre Technologie keine Probleme verursacht, insbesondere für das Wohlergehen und die Gesundheit von Benutzern.

Ein weiteres wichtiges Thema ist das Prinzip der Transparenz. Benutzer sollten in der Lage sein, zu verstehen, wie KI-Systeme Entscheidungen treffen und welche Daten sie dabei nutzen. Dies ist insbesondere dann wichtig, wenn Entscheidungen mit schwerwiegenden Konsequenzen für Benutzer getroffen werden, wie zum Beispiel bei der Vergabe von Krediten oder Arbeitsplätzen. Es ist wichtig, sicherzustellen, dass alle Menschen gleichermaßen von den Vorteilen der Technologie profitieren können.

Schließlich ist auch das Prinzip der Autonomie von Bedeutung. KI-Systeme sollten so gestaltet sein, dass Benutzer die Kontrolle über ihre Daten und Entscheidungen behalten. Die Benutzer sollten in der Lage sein, ihre Daten zu schützen und zu kontrollieren, wie sie von KI-Systemen genutzt werden. Insgesamt sind Ethik und Verantwortlichkeit im Zusammenhang mit KI von entscheidender Bedeutung, um sicherzustellen, dass die Technologie im Einklang mit unseren moralischen und gesetzlichen Standards arbeitet. Es ist wichtig, dass Unternehmen und Entwickler die Auswirkungen ihrer KI-Systeme auf die Gesellschaft und auf Einzelpersonen sorgfältig abwägen. Nur so können wir sicherstellen, dass KI-Systeme uns als Gesellschaft voranbringen und nicht schaden.

Die Anwendung von Künstlicher Intelligenz (KI) im militärischen Bereich hat in den letzten Jahren stark zugenommen. Dabei wird KI eingesetzt, um Waffensysteme zu steuern, Aufklärung zu betreiben, Entscheidungen zu treffen und vieles mehr. Die Anwendung von KI im militärischen Bereich wirft jedoch auch wichtige ethische Fragen auf. Unternehmen, Entwickler und Militärsicherheitskräfte müssen sicherzustellen, dass KI-Systeme im Einklang mit moralischen und gesetzlichen Standards arbeiten und den Menschenrechten und dem humanitären Völkerrecht entsprechen.

Es ist wesentlich, dass KI-Systeme kein Eigenleben entwickeln, sondern stehts in ihrem Aufgabenbereich bleiben. Insbesondere wenn KI-Systeme Entscheidungen treffen, die Auswirkungen auf Menschenleben haben, wie beispielsweise bei der Entscheidung, ein Ziel anzugreifen, muss ihre Entscheidungsfindung transparent und nachvollziehbar sein. Auch Irrtümer dieser militärischen Systeme aufgrund von Software- oder Sensorenfehlern bergen unvorstellbare Risiken, die vermieden bzw.

KÜNSTLICHE INTELLIGENZ

verringert werden müssen.

KI-Systeme, die im militärischen Bereich eingesetzt werden, sollten so gestaltet sein, dass sie unter menschlicher Kontrolle stehen. Die Entscheidungen sollten letztendlich von Menschen getroffen werden, und KI-Systeme sollten nur als Werkzeug zur Unterstützung der Entscheidungsfindung dienen. Allerdings ist die Entwicklung zu völlig autonom agierenden militärischen Systemen vermutlich nicht mehr aufzuhalten.

Darüber hinaus gibt es auch das Prinzip der Schadensbegrenzung. Es ist wichtig sicherzustellen, dass KI-Systeme im militärischen Bereich so gestaltet sind, dass sie den Schaden begrenzen, der durch ihre Anwendung verursacht werden kann. Das umfasst nicht nur die Verhinderung von Kollateralschäden, sondern auch die Vermeidung von Schäden an der Infrastruktur und anderen wichtigen Ressourcen. Nur so können wir sicherstellen, dass die Anwendung von KI im militärischen Bereich nicht zu unerwünschten Konsequenzen führt.

Große Bedenken gibt es darüber, dass KI im militärischen Bereich zu einer Eskalation von Konflikten führen kann. Da KI-Systeme in der Lage sind, superschnelle Entscheidungen zu treffen, ohne menschliche Überlegungen und Emotionen zu berücksichtigen, besteht die Gefahr, dass sie in einer Krise oder einem Konflikt zu einer unkontrollierten Eskalation führen. Dies ist vergleichbar mit Börsencomputern, die in der Vergangenheit durch Überreaktion schon Kursstürze verursacht haben, bis Systemadministratoren manuell eingegriffen haben. Im militärischen Bereich wären die Folgen ungleich dramatischer. Daher muss sichergestellt werden, dass KI-

Systeme im diesem Bereich nur eingesetzt werden, wenn es unbedingt notwendig ist. Es sollten klare Leitlinien und Vorschriften für die Anwendung von KI im militärischen Bereich festgelegt werden, die sicherstellen, dass die Technologie nicht überreagiert.

Ein offener und transparenter Dialog kann dazu beitragen, das Vertrauen der Öffentlichkeit in KI-Systeme im militärischen Bereich zu stärken. Hier muss die Politik dafür die Richtlinien vorgeben. Auch ist es wichtig, dass die Forschung und Entwicklung von KI im militärischen Bereich auch auf langfristige Konsequenzen und Auswirkungen auf die Gesellschaft und die Menschheit im Allgemeinen geprüft wird. Die Anwendung von KI im militärischen Bereich kann weitreichende Effekte auf die Zukunft der Kriegsführung und auf das Verhältnis zwischen Mensch und Technologie haben. Im Einsatz können militärische KI-Systeme und Roboter den Verlust von Menschenleben reduzieren, vor allem für die Partei, die diese Technologien einsetzt.

Es ist daher wichtig, dass die Entwicklung von KI im militärischen Bereich in einem breiteren Kontext betrachtet wird und Entscheidungen für die Beschaffung bzw. den Einsatz dieser Systeme nicht nur von den Militärs, sondern auch von der Politik, mit Zustimmung des Volkes, bestimmt wird. Für die Zukunft ist allerdings ein Hochrüsten auf diesem Gebiet zu befürchten.

SICHERHEIT UND PRIVATSPHÄRE

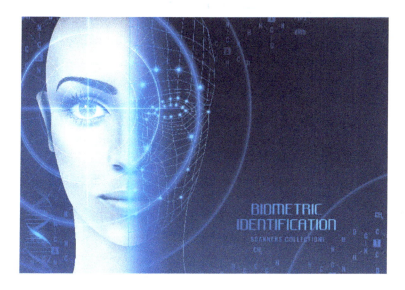

KI-basierte Systeme können anfällig für Angriffe und Missbrauch sein, weshalb die Sicherheit und Privatsphäre wichtige Themen bei der Entwicklung und Anwendung von KI sind.

Ein Einsatz der KI im Bereich von autonomen Hacker-Angriffen ist sehr wahrscheinlich und birgt große Gefahren für viele Firmen, Organisationen, Regierungen und Privatpersonen. Für Gegenmaßnahmen kann KI genutzt werden, um Sicherheitslücken zu finden, Cyberangriffe zu erkennen und Abwehrmaßnahmen zu ergreifen. Es bietet auch die Möglichkeit, persönliche Daten und Identitäten zu schützen und Verstöße gegen die Datensicherheit aufzudecken. KI-Systeme können große Mengen an Daten analysieren und Muster identifizieren, die auf einen möglichen Angriff hinweisen. Dies geschieht auch durch die Erkennung von Bedrohungen anhand von Verhaltensmustern. KI-Systeme können das Verhalten von Benutzern aufzeichnen und anomale Aktivitäten erkennen, die auf eine mögliche Bedrohung hinweisen. Sie können verwendet werden, um die Einhaltung von Datenschutzrichtlinien zu überprüfen. Ebenso können sie auch dazu beitragen, Verstöße gegen die Privatsphäre aufzudecken, indem sie verdächtige Aktivitäten in den Daten identifizieren. Ein Beispiel dafür ist die Verwendung von KI-Systemen zur Erkennung von Identitätsdiebstahl. Diese können das Verhalten von Benutzern überwachen und Vorgänge erkennen, die auf einen Identitätsdiebstahl hinweisen.

Allerdings gibt es auch Bedenken darüber, dass KI die Sicherheit und Privatsphäre gefährden kann. Zum Beispiel können KI-Systeme verwendet werden, um Muster in persönlichen Informationen zu finden. Diese Informationen könnten dann verwendet werden, um Benutzerprofile zu kopieren und widerrechtlich zu nutzen.

Auch für die Überwachung von Benutzern ist die Verwendung von KI geeignet. Dabei wird das Verhalten von diesen überwacht und Abweichungen dokumentiert.

Es ist wichtig sicherzustellen, dass KI-Systeme gewissenhaft eingesetzt werden, um die Vorteile zu maximieren und die Risiken zu minimieren. Dazu können Unternehmen und

Organisationen sicherstellen, dass die Daten von Benutzern sicher und geschützt sind. Es kann auch sinnvoll sein, unabhängige Überwachungsmechanismen einzuführen.

Ein weiterer wichtiger Aspekt ist die Verwendung von KI zur Entscheidungsfindung. KI-Systeme können beispielsweise in der Strafverfolgung eingesetzt werden, um Verbrechen zu erkennen oder zur Überwachung von öffentlichen Plätzen. Es besteht jedoch das Risiko, dass sie aufgrund von unzureichenden Daten fehlerhafte Entscheidungen treffen. Zum Beispiel können KI-Systeme bei der Entscheidungsfindung Unschuldige brandmarken oder falsche Vorhersagen treffen.

Um sicherzustellen, dass KI korrekt eingesetzt wird, müssen wir uns auf verschiedene Aspekte konzentrieren. Dazu gehören die Sicherstellung der einwandfreien Arbeitsweise von KI-Systemen, sowie die Implementierung von Sicherheits- und Datenschutzmaßnahmen. Nur durch eine gewissenhafte Verwendung dieser Systeme werden wir das Potenzial von KI voll ausschöpfen und gleichzeitig die Bedenken und Risiken minimieren.

Künstliche Intelligenz wird auch im Bereich von Passwörtern eingesetzt, um besseren Schutz vor unerlaubtem Zugriff auf private Daten und Systeme zu bieten. Passwort-Management-Tools, die KI verwenden, können beispielsweise die Passwortsicherheit verbessern, indem sie automatisch komplexe und einzigartige Passwörter für jeden Benutzer generieren. Verbesserte Tools nutzen KI, um autonom im Internet, insbesondere im Darknet, nach eingegebenen Benutzernamen und Passwörtern zu suchen. Wenn ein Fund gemacht wird, wird der Anwender gewarnt und eine Änderung vorgeschlagen.

Eine weitere Möglichkeit, KI einzusetzen, besteht darin, sie bei der Erkennung von Angriffen und Hacking-Versuchen zu verwenden. KI-Systeme können beispielsweise Anomalien in Computersystemen erkennen und verdächtige Aktivitäten sofort melden und autark bearbeiten. Dies kann dazu beitragen, dass Angriffe schneller erkannt und abgewehrt werden, bevor es zu größeren Schäden kommt.

Bedeutung hat ebenfalls die biometrische Authentifizierung. Biometrische Daten wie Gesichtserkennung, Fingerabdruck- und Iris-Scan-Technologie können verwendet werden, um Benutzer zu identifizieren und den Zugriff auf Systeme und Daten zu steuern. KI-Systeme können hierbei helfen, indem sie die Identifikation der Benutzer automatisch überwachen und ungewöhnliche oder verdächtige Aktivitäten erkennen.

In diesem Bereich gibt es auch Bedenken hinsichtlich des Datenschutzes dieser Technologien. Zurzeit wird an der Erkennung von Krankheiten mit Hilfe von Iris-Scans der Augen gearbeitet. Beispielsweise kann das Sammeln von diesen und anderen biometrischen Daten durch KI-Systeme zu erheblichen Risiken führen, wenn diese Daten in die falschen Hände gelangen oder unrechtmäßig genutzt werden.

Eine der größten Gefahren besteht darin, dass KI-Systeme selbst gehackt oder missbraucht werden, um Passwörter und andere private Informationen zu stehlen. Ein Beispiel hierfür sind Angriffe auf Passwort-Management-Tools, die KI verwenden, um Passwörter zu generieren und zu verwalten. Wenn diese Tools von Hackern infiltriert werden, können sie auf alle gespeicherten Passwörter zugreifen, was zu einem enormen Risiko führt. Um diese Risiken zu minimieren, ist es wichtig, dass Unternehmen und Organisationen, die KI im Bereich von Passwörtern einsetzen, strenge Sicherheitsrichtlinien einhalten. Dazu gehört beispielsweise, dass sie sichere Verschlüsselungsmethoden für gespeicherte Passwörter verwenden, regelmäßige Überwachung und Aktualisierung der KI-Systeme durchführen, um sicherzustellen, dass sie fehlerfrei und sicher sind. Darüber hinaus sollten sie sicherstellen, dass sie ihre Benutzer über die möglichen Risiken und Gefahren der Verwendung von KI im Bereich von Passwörtern aufklären und laufend über Veränderungen der Gefahrenlage informieren. Eine weitere Bedrohung ist, dass KI-Systeme aufgrund von Datenverzerrungen in den Algorithmen ungenaue Ergebnisse liefern können. Wenn KI-Systeme beispielsweise auf Basis von Daten trainiert werden, die nur bestimmte Merkmale berücksichtigen, kann dies zu einem systemischen Bias und dazu führen, dass nur einseitige Ergebnisse erzielt werden.

Und wie sieht es mit der Sicherheit auf Ihrem Computer aus? Benutzen Sie immer noch "Passwort" als Passwort? Dann fragen Sie lieber die KI nach einer Empfehlung!

BUSINESS UND BERUF

Künstliche Intelligenz (KI) bietet im Bereich des Business viele Möglichkeiten und Potenziale. Sie kann dazu beitragen, Geschäftsprozesse zu automatisieren, Kosten zu senken, die Effizienz zu steigern, die Kundenbindung zu verbessern und die Wettbewerbsfähigkeit zu erhöhen. Im Folgenden werden einige der wichtigsten Anwendungen von KI im Business-Bereich beschrieben:

- Automatisierung von Geschäftsprozessen: KI-Systeme können dazu beitragen, repetitive und zeitaufwändige Geschäftsprozesse zu automatisieren, wie beispielsweise die automatische Klassifizierung von E-Mails oder die automatische Verarbeitung von Zahlungen. Dies kann dazu beitragen, Kosten zu senken und die Effizienz zu steigern.

- Verbesserte Kundenbindung: Es wäre möglich, die Kundenbindung zu verbessern, indem sie personalisierte Empfehlungen und Angebote basierend auf den individuellen Bedürfnissen und Präferenzen der Kunden bieten. Dadurch werden Kundenloyalität und -zufriedenheit gesteigert werden.

- Analyse von Geschäftsdaten: KI kann große Mengen an

Geschäftsdaten analysieren und wertvolle Einblicke und Erkenntnisse liefern, die dazu beitragen können, Geschäftsentscheidungen zu optimieren und das Geschäftswachstum zu fördern. Daher wird es zukünftig z.B. für die Berufssparte der Datenanalysten schwierig werden.

- Betrugserkennung und -prävention: KI-Systeme werden dazu beitragen, Betrug und andere kriminelle Aktivitäten zu erkennen und zu verhindern, indem sie verdächtige Aktivitäten aufdecken und Benutzerprofile auf Unregelmäßigkeiten überprüfen.

- Verbesserung der Arbeitsprozesse: Arbeitsprozesse könnten optimiert und verbessert werden, indem beispielsweise die automatische Zuweisung von Aufgaben und die Optimierung von Arbeitsabläufen unterstützt wird. Weiterhin können sie genutzt werden für die automatische Verarbeitung von Daten oder die automatische Sortierung von Waren. Dadurch können menschliche Arbeitskräfte entlastet werden und es bleibt mehr Zeit für anspruchsvollere und kreative Aufgaben.

- Verbesserung der Entscheidungsfindung: Entscheidungsprozesse würden optimiert und verbessert, indem beispielsweise Vorhersagemodelle und Prognosen auf Basis von historischen Daten erstellt und bereitgestellt werden. Dadurch können Entscheidungen fundierter und schneller getroffen werden.

- Verbesserte Qualität von Produkten und Dienstleistungen: KI-Systeme können dazu beitragen, die Qualität von Produkten und Dienstleistungen zu verbessern, indem sie beispielsweise automatische Qualitätskontrollen durchführen oder personalisierte Produkte erstellen.

- Verbesserte Sicherheit am Arbeitsplatz: KI ist perfekt geeignet, die Sicherheit am Arbeitsplatz zu erhöhen, indem sie beispielsweise Unregelmäßigkeiten in Arbeitsabläufen erkennt oder Arbeitsbedingungen überwacht und gefährliche Arbeiten selbst übernimmt.

- Kreativität und Design: Diese Systeme können dazu beitragen, Kreativität und Design zu unterstützen, indem sie beispielsweise Design-Tools bereitstellen, die menschliche Kreativität ergänzen, verbessern oder ersetzen.

- Neue Arbeitsbereiche: Hier werden durch KI neue Arbeitsbereiche geschaffen, indem sie beispielsweise neue Technologien entwickelt, oder neue Produkte und Dienstleistungen anbietet. Gleichzeitig würden viele Arbeitsstellen entfallen, die durch KI ersetzt werden. Zum Beispiel könnten auch Juristen durch KI ergänzt oder ersetzt werden, da KI alle Gesetze und Verordnungen kennt und mit einem anstehenden Fall perfekt kombinieren würde.

- Optimierung der Bestandsführung: Diese Systeme können dazu beitragen, die Bestandsführung zu optimieren, indem sie beispielsweise Prognosemodelle basierend auf historischen Daten erstellen und Bestellungen automatisch auf Basis der Nachfrage generieren. Dadurch werden Händler Lagerbestände optimieren und Überbestände oder Engpässe vermeiden.

- Preisoptimierung: KI-Systeme können dazu beitragen, die Preisoptimierung zu verbessern, indem sie beispielsweise Preisanpassungen automatisch vornehmen. Durch die

Optimierung der Preise werden Händler ihre Margen verbessern und den Umsatz steigern. Eine weitere Aufgabe wäre die autonome Überwachung des Marktes nach den besten Angeboten.

- Marketingoptimierung: Ziel ist es mit KI das Marketing zu optimieren, indem sie beispielsweise personalisierte Werbekampagnen auf Basis von Kundenprofilen oder Kaufhistorien erstellen. Dadurch können Händler ihre Zielgruppen besser ansprechen und die Effektivität von Werbekampagnen steigern.

- Chatbots und Kundenservice: Hier wäre es möglich, den Kundenservice durch den Einsatz von Chatbots und virtuellen Assistenten, die sämtliche Anfragen von Kunden verstehen, zu verbessern. Dadurch ist es möglich, Kundenanfragen umfassend zu beantworten und Probleme zu lösen.

Künstliche Intelligenz (KI) kann dazu beitragen, menschliche Arbeitskräfte zu entlasten oder zu ersetzen. Für Unternehmen ergäbe sich die Möglichkeit, das Marketing zu optimieren und den Umsatz zu erhöhen. Dabei ist es wichtig, dass Unternehmen sicherstellen, dass sie Mitarbeiter und Arbeitnehmer bei der Einführung von KI-Technologien unterstützen und qualifizieren, um sicherzustellen, dass sie die Vorteile von KI voll ausschöpfen.

Allerdings wird es durch KI in der Gesamtbetrachtung einen Verlust an Möglichkeiten auf dem Arbeitsmarkt geben.

VERÄNDERUNGEN DURCH KI IN DER ZUKUNFT

KI wird in der Lage sein, nahezu alle Branchen zu verändern. Das Ausmaß dieser Veränderung wird unglaublich und kaum absehbar sein. Hier sind einige der Branchen, die in Zukunft besonders von KI betroffen sein könnten:

- Gesundheitswesen: KI könnte autonome Diagnosen stellen, personalisierte Behandlungen empfehlen und die Effizienz von medizinischen Prozessen zu verbessern. Auch die medizinische Forschung könnte von KI profitieren, indem sie beispielsweise Datenanalyse und die Identifizierung von neuen Arzneimitteln beschleunigt. Ebenso könnten KI-Roboter-Behandlungen und Operationen durchgeführt werden, ohne die Anwesenheit von medizinischem Personal bzw. mit Hilfe von Personen, die nur grundlegende Medizinkenntnisse besitzen. Vorteil wäre das dezentrale Vorhandensein von KI-Arztpraxen und Krankenhäusern.

- Automobilindustrie: In der Automobilindustrie könnte KI eingesetzt werden, um autonome Fahrzeuge zu entwickeln und zu verbessern. Auch in der Produktion von Fahrzeugen könnte KI dazu beitragen, die Effizienz zu steigern und die

Qualität der Produkte zu verbessern. Zum Beispiel bei der Neugestaltung von Fahrzeugen und Antrieben.

- Einzelhandel: Im Einzelhandel angewandt, könnten personalisierte Angebote und Empfehlungen erstellt werden, um Bestände zu optimieren und den Kundenservice zu verbessern. Auch die Verwendung von Robotern in der Lagerung und dem Versand von Produkten, durch autonome Lieferung, könnte durch KI verbessert werden.

- Finanzwesen: KI könnte im Finanzwesen eingesetzt werden, um beispielsweise Betrug zu erkennen, Risiken zu minimieren und Finanzmarktentwicklungen vorherzusehen. Auch der Kundenservice und die Erstellung von Finanzberichten könnten durch KI verbessert werden.

- Bildung: KI würde die Bildung verbessern, indem personalisierte Lernangebote erstellt werden, um den Lernfortschritt zu verfolgen und Lehrer bei der Erstellung von Lehrplänen zu unterstützen. Auch in der Verwaltung von Bildungseinrichtungen könnte KI dazu beitragen, die Effizienz zu steigern. Ebenso besteht die Möglichkeit der Verknüpfung von Mensch und Maschine für eine direkte Dateneingabe. Elon Musk gründete 2016 Neuralink, ein Unternehmen, das sich mit dieser Aufgabe beschäftigt. Neuralink arbeitet an der Entwicklung von Gehirn-Maschine-Schnittstellen (Brain-Machine Interfaces, BMIs), die es Menschen ermöglichen sollen, direkt mit Computern und anderen Maschinen zu kommunizieren. Die Technologie von Neuralink hat das Potenzial, in der Zukunft bei der Behandlung von neurologischen Erkrankungen eingesetzt zu werden und könnte Menschen in die Lage versetzen, sich mit künstlicher Intelligenz zu verbinden, um neue Fähigkeiten zu erlangen. Da Wissen Entscheidungen beeinflusst, könnten Menschen, durch selektive Dateneingabe in ihren Einscheidungen beeinflusst, sozusagen „ferngesteuert" werden. Diese Entwicklung ist daher zumindest fragwürdig.

- Versicherungen: In der Versicherungsbranche würde KI helfen Risiken zu minimieren, Schadensfälle zu bearbeiten und Kundenbetreuung zu optimieren. Die Erstellung von Versicherungstarifen könnte verbessert werden (mit entsprechender Überwachung). Auch können zukünftige Schadensfälle vorausberechnet werden.

- Landwirtschaft: KI könnte in der Landwirtschaft eingesetzt werden, um Ernten zu optimieren, den Einsatz von Düngemitteln und Pestiziden zu reduzieren, die Bodenqualität zu verbessern und die Effizienz von landwirtschaftlichen Prozessen zu steigern. Hier wird es auch ein großes Potenzial für autonome Systeme geben; z.B. bei autonomen Saat-, Dünge-, und Erntemaschinen.

- Energie: In der Energiebranche angewandt, wäre es mit Hilfe der KI möglich, den Energieverbrauch zu optimieren, die Stromversorgung zu verbessern und den Einsatz von erneuerbaren Energien zu erhöhen. Auch in der Wartung von Energieinfrastruktur könnten KI-Roboter eingesetzt werden, um Störungen zu erkennen und zu beheben.

- Logistik und Transport: KI könnte in der Logistik eingesetzt werden, um die Lieferketten zu optimieren, Bestellungen zu verfolgen, und Kosten zu senken. Auch in der Planung von Routen und der Optimierung von Lagerbeständen könnte KI dazu beitragen, die Effizienz zu steigern. Drohnen und autonome Fahrzeuge könnten Lieferzeiten deutlich verkürzen. Auch Schiffe und Flugzeuge könnten in Zukunft autonom betrieben werden.

- Rettungsdienste: Autonome Roboter könnten unter gefährlichen Bedingungen Menschenleben retten und Behandlungen von Unfallopfern durchführen.

- Telekommunikation: Im Bereich der Telekommunikationsbranche eingesetzt, wäre es möglich die Netzwerkqualität zu verbessern, Störungen zu erkennen und zu beheben und die Kundenerfahrung zu optimieren. Auch in der Entwicklung von neuen Produkten und Dienstleistungen könnte KI dazu beitragen, Innovationen voranzutreiben.

- Baubranche: KI wäre geeignet, um Entwürfe zu fertigen und autonom Gebäude zu errichten. Neue Technologien wie 3D-Drucker für Beton würden verstärkt zum Einsatz kommen.

- Tourismus: Hier würde es helfen, um personalisierte Angebote zu erstellen, Reisepläne zu optimieren und die Effizienz von touristischen Prozessen zu steigern. Auch in der Verwaltung von Touristenattraktionen und Hotels könnte KI dazu beitragen, die Effizienz zu verbessern und die Kundenerfahrung zu optimieren.

- Immobilien: Im Immobilienbereich eingesetzt, könnte KI den Markt analysieren, Bewertungen erstellen und Immobilienverkäufe optimieren. Auch in der Verwaltung von Beständen könnte KI dazu beitragen, die Effizienz zu steigern.

- Kunst und Kultur: KI könnte in der Kunst- und Kulturbranche angewandt werden, um kreative Prozesse zu unterstützen, Kunstwerke zu analysieren und zu bewerten und personalisierte Empfehlungen für Kunst- und Kulturveranstaltungen zu erstellen. Auch in der Entwicklung von neuen Kunst- und Kulturprodukten könnte KI dazu beitragen, Innovationen voranzutreiben. Liedkompositionen und Kunst, wie z.b. Bilder könnten erstellt werden.

- Sport: KI könnte im Sport eingesetzt werden, um Leistungen zu verbessern, Trainingserfolge zu verfolgen und personalisierte Trainingspläne zu erstellen. Auch in der Analyse von Spielen und Wettkämpfen könnte KI dazu beitragen, die Effizienz zu steigern und die Leistung von Athleten zu verbessern.

Es ist wahrscheinlich, dass in Zukunft noch viele neue Anwendungen und Möglichkeiten entstehen werden.

KI UND EMOTIONEN

Es ist sogar möglich, dass KI in Zukunft Emotionen zeigen kann, zumindest auf eine gewisse Art und Weise. Derzeit sind die meisten KI-Systeme darauf ausgelegt, Informationen zu verarbeiten und Entscheidungen auf der Grundlage von Daten und Algorithmen zu treffen, ohne dass ein Bewusstsein oder ein Verständnis für Emotionen erforderlich ist. Allerdings arbeiten Forscher an der Entwicklung von Systemen, die in der Lage sind, Emotionen zu erkennen, zu interpretieren und darauf zu reagieren. Diese Technologien werden als "emotionale KI" oder "emotionale Robotik" bezeichnet und haben das Potenzial, in verschiedenen Bereichen eingesetzt zu werden, von der Pflege von älteren Menschen bis hin zur Unterhaltungsindustrie. Ein Beispiel für eine emotionale KI ist der Roboter Pepper von SoftBank Robotics, der in der Lage ist, menschliche Gesichtsausdrücke zu erkennen und darauf zu reagieren, indem er seine Stimme, seine Bewegungen und seine Augenfarbe verändert. Ein weiteres Beispiel ist der Chatbot Replika, der darauf ausgelegt ist, eine emotionale Verbindung zu seinen Benutzern aufzubauen und Gespräche zu führen, die auf ihre Stimmung und ihre Bedürfnisse abgestimmt sind. Es gibt jedoch auch Bedenken hinsichtlich der Entwicklung von emotionalen KI-Systemen. Es wird befürchtet, dass diese

Technologien dazu verwendet werden könnten, menschliche Beziehungen zu simulieren oder zu manipulieren, und dass sie zu einer weiteren Entfremdung und Vereinsamung führen könnten. Beispielsweise könnte der zukünftige Roboter-Partner oder das Roboter-Haustier, mit KI-Emotionen ausgestattet, Interaktionen mit echten Menschen ersetzen.

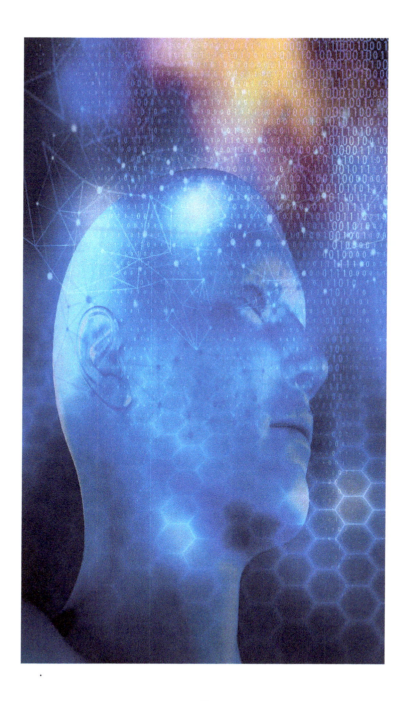

KI UND VERBRECHENSBEKÄMPFUNG

Die Künstliche Intelligenz (KI) kann bei der Verbrechensbekämpfung viele Vorteile bieten, insbesondere durch die Analyse von Daten und die automatische Erkennung von Mustern. Einige der wichtigsten Vorteile sind:

- Vorhersage von Verbrechen: KI kann verwendet werden, um Verbrechensmuster zu analysieren und Vorhersagen darüber zu treffen, wo und wann ein Verbrechen wahrscheinlich stattfinden wird. Dies kann den Strafverfolgungsbehörden helfen, ihre Ressourcen effektiver einzusetzen und Verbrechen zu verhindern.

- Erkennung von Straftätern: KI kann auch eingesetzt werden, um Straftäter anhand von Bildern oder anderen Daten zu erkennen. Gesichtserkennungstechnologie kann beispielsweise verwendet werden, um Verbrecher auf Überwachungsvideos oder anderen öffentlichen Aufnahmen zu identifizieren.

- Überwachung von sozialen Medien: KI-Systeme können auch soziale Medien überwachen, um potenzielle Bedrohungen oder Verbrechen zu identifizieren.

Algorithmen werden nach bestimmten Schlüsselwörtern oder Mustern suchen, die auf eine kriminelle Aktivität hinweisen.

- Automatisierte Übersetzung: KI würde auch bei der Übersetzung von Dokumenten und Nachrichten helfen, die von Personen in verschiedenen Sprachen geschrieben wurden. Dies kann besonders nützlich sein, wenn es um die Verfolgung von internationalen Verbrechen geht.

- Analyse von Beweisen: KI kann auch bei der Analyse von Beweismitteln helfen, indem sie große Datenmengen in kurzer Zeit durchsucht und Muster identifiziert, die für eine Strafverfolgung von Bedeutung sein könnten.

Insgesamt kann die KI bei der Verbrechensbekämpfung ein wertvolles Werkzeug sein, um Verbrechen zu verhindern, Straftäter zu identifizieren und Beweismittel zu analysieren. Es ist jedoch wichtig, dass diese Technologien mit Sorgfalt eingesetzt werden.

BIG BROTHER - DIE TOTALE ÜBERWACHUNG

Die Verwendung von KI-Technologien zur Überwachung von Menschen und zur Sammlung von Daten kann mit einer Reihe von Risiken und Bedenken verbunden sein, insbesondere wenn sie in einer Weise eingesetzt werden, die eine Art "Big Brother" Überwachungssystem schafft. Hier sind einige der größten Risiken:

Durch die Nutzung von KI zur Überwachung von Menschen kann die Privatsphäre der Menschen verletzt werden, da die Technologie, in nie gekannten Umfang, in der Lage ist, persönliche Daten und Informationen zu sammeln, zu analysieren und zu speichern.

- Fehlinterpretation von Daten: KI-Systeme können falsche Schlüsse ziehen oder fehlerhafte Ergebnisse produzieren, wenn sie ungenaue oder unvollständige Daten erhalten. Dies kann dazu führen, dass unschuldige Menschen fälschlicherweise als verdächtig oder schuldig eingestuft werden.

- Missbrauch von Macht: Die Verwendung von KI-Überwachungstechnologien kann zu einem Missbrauch von Macht führen, wenn sie von Regierungen,

Strafverfolgungsbehörden oder anderen autoritären Kräften eingesetzt werden. Dies kann dazu führen, dass Menschenrechte verletzt werden und autoritäre Regime gestärkt werden.

- Verlust von Freiheit und Autonomie: Eine umfassende Überwachung durch KI-Systeme kann dazu führen, dass Menschen sich beobachtet und kontrolliert fühlen und ihre Freiheit und Autonomie eingeschränkt wird. Dies kann zu einem Verlust des Vertrauens in die Regierung oder Unternehmen führen und das soziale Gefüge destabilisieren.

Eine offene und unmissverständliche Debatte darüber, wie KI eingesetzt werden soll, ist notwendig, um sicherzustellen, dass sie im Einklang mit den Werten und Prinzipien einer freien und demokratischen Gesellschaft steht.

Die Idee von "Big Brother" wurde erstmals in George Orwells Buch "1984" vorgestellt, in dem eine totalitäre Regierung die Bürger durch permanente Überwachung kontrolliert. In der heutigen Welt der Technologie hat die Sorge vor einem "Big Brother" Überwachungssystem zugenommen, da die Menge an gesammelten Daten und die Fortschritte in der KI-Technologie es möglich machen, Menschen auf eine Weise zu überwachen, die Orwells schlimmste Vorstellungen übertreffen würden.

KI-Systeme können genutzt werden, um massenhaft Daten zu sammeln und zu analysieren, um Bewegungen, Gesichter, Stimmen und sogar Verhaltensmuster zu erkennen. Dies hat das Potenzial, eine permanente

Überwachung von Menschen in der Gesellschaft zu ermöglichen, die weit über die traditionellen Überwachungskameras und Sicherheitsmaßnahmen hinausgeht. Durch die Integration von KI in Überwachungstechnologien können Regierungen und Unternehmen in der Lage sein, detaillierte Profile über Menschen zu erstellen, ihre Interessen und Vorlieben zu kennen und sogar ihre zukünftigen Handlungen vorherzusagen.

Das Internet, Telefon und viele weitere Kommunikationsmittel können permanent und in Echtzeit überwacht werden. Darüber hinaus können KI-Systeme auch dazu verwendet werden, politische Aktivitäten oder Meinungsäußerungen zu überwachen und zu unterdrücken, was zu Einschränkungen der Meinungsfreiheit und der demokratischen Prozesse führen kann.

Diese Art von Überwachung kann das Vertrauen in Regierung und Unternehmen beeinträchtigen. Menschen können sich ständig beobachtet fühlen und ihre Freiheit und Autonomie kann eingeschränkt werden. Es besteht auch die Gefahr, dass solche Technologien zur Unterdrückung von Dissidenten, Minderheiten oder politischen Gegnern genutzt werden können.

Es ist wichtig, dass KI-Technologien in einem Rahmen genutzt werden, der die Grundrechte der Menschen schützt. Es müssen strenge Regeln und Vorschriften für den Einsatz von KI-Systemen in der Überwachung und Kontrolle von Menschen festgelegt werden. Eine offene Debatte über die Auswirkungen von KI auf die Gesellschaft und die Politik ist notwendig, um sicherzustellen, dass die Nutzung von KI-Technologien im Einklang mit den demokratischen Werten und Prinzipien steht. Nur so können wir sicherstellen, dass KI nicht zu einem Werkzeug für Unterdrückung und Kontrolle wird, sondern ein Instrument für Fortschritt und Innovation bleibt.

Es ist wahrscheinlich, dass der Einsatz von KI explosionsartig zunehmen wird, da die Technologie bereits weit verbreitet und in vielen Bereichen unverzichtbar geworden ist. KI-Systeme werden zunehmend in der Wirtschaft, im Gesundheitswesen, im Bildungswesen und in anderen Bereichen eingesetzt, um die Effizienz und Produktivität zu steigern und bessere Ergebnisse zu erzielen.

Eine weitere Möglichkeit ist, das Bewusstsein für die Risiken und Herausforderungen im Zusammenhang mit dem Einsatz von KI zu erhöhen und eine breite öffentliche Debatte darüber zu führen, wie die Technologie am besten eingesetzt werden kann. Durch eine offene Diskussion und einen Dialog zwischen Regierungen, Wissenschaftlern, Unternehmen und der Öffentlichkeit können Regulierungs- und Governance-Mechanismen entwickelt werden, die sicherstellen, dass KI-Systeme vorteilhaft eingesetzt werden.

Letztendlich ist es wichtig, dass der Einsatz von KI nicht als Selbstzweck betrachtet wird, sondern als ein Werkzeug zur Verbesserung der menschlichen Lebensbedingungen. Wenn KI-Systeme sinnvoll unter Berücksichtigung menschlicher Grundsätze entwickelt und eingesetzt werden, können sie dazu beitragen, eine bessere Welt für alle Menschen zu schaffen.

KI -
VORTEIL ODER NACHTEIL FÜR
DIE MENSCHHEIT?

D ie Antwort auf diese Frage hängt von vielen Faktoren ab und ist komplex. KI hat zweifellos viele Vorteile für die Menschen, wie eine gesteigerte Effizienz, höhere Produktivität, bessere Entscheidungsfindung, verbesserte medizinische Diagnosen, eine bessere Verbrechensbekämpfung und vieles mehr. Jedoch birgt KI auch einige Risiken und Nachteile, wie Arbeitsplatzverluste, Datenschutzbedenken, moralische Probleme, Verlust von menschlicher Autonomie und Kontrolle, und die Möglichkeit von Missbrauch und Diskriminierung durch fehlerhafte oder voreingenommene Algorithmen. Im militärischen Bereich besteht die Gefahr einer Eskalation durch autonom handelnde Systeme.

Es ist wichtig zu betonen, dass die Vorteile von KI in der Regel von den Anwendern und den Umständen abhängen, unter denen sie eingesetzt wird. Wenn KI-Systeme sorgfältig eingesetzt werden, können sie dazu beitragen, das menschliche Leben und die Gesellschaft zu verbessern. Wenn sie jedoch missbraucht oder fehlerhaft eingesetzt werden, kann dies negative oder sogar katastrophale Auswirkungen haben. Tragen wir dazu bei, dass die positiven Effekte der KI überwiegen.

FAZIT

Zusammenfassend lässt sich sagen, dass die Künstliche Intelligenz eine sehr wichtige Rolle in der Zukunft spielen wird. Sie wird nahezu alle Branchen und Bereiche des menschlichen Lebens erreichen und durchdringen.

Diese Entwicklung ist so bedeutend, dass sie vergleichbar mit der Erfindung der Eisenbahn ist, mit dem Unterschied, dass die aktuelle Entwicklung wesentlich schneller fortschreiten wird.

Daher kann ich Ihnen als Leser nur empfehlen, sich mit dieser Technologie zu befassen und auf den neuen Zug der Zukunft aufzuspringen.

Um Ihnen den Einstieg in die Künstliche Intelligenz zu erleichtern, liste ich nachfolgend einige der wichtigsten Weblinks auf. Starten Sie doch einfach mal einen Chat mit der KI! Ich wünsche Ihnen viel Spaß und Erfolg mit der neuen zukunftsweisenden Technologie!

NÜTZLICHE WEBLINKS

Hier finden Sie interessante Links im Bereich der Künstlichen Intelligenz, zusammen mit kurzen Erklärungen zu jeder Ressource.

Täglich entstehen im Internet neue Websites mit KI-Inhalten. Befragen Sie doch gleich die KI nach Neuerungen.

Bitte beachten Sie, dass auch die Künstliche Intelligenz Fehler machen kann. Daher sollten Sie sich nicht ausschließlich darauf verlassen.

Der Eingabetext, den der User am Computer für die KI eingibt, nennt sich „Prompt". Der Begriff bezieht sich auf eine Anweisung, Frage oder Aufforderung, die an ein künstliches Intelligenz-Sprachmodell gerichtet wird, um eine bestimmte Antwort oder Ausgabe zu generieren. Ein Prompt kann beispielsweise eine Frage sein, die das KI-Modell beantworten soll, oder eine Anweisung, die das Modell auffordert, einen Text zu generieren. Dieser Prompt-Text ist somit das Verbindungsglied zwischen Mensch und der KI. Daher ist es wichtig, dass dieser Text so ausführlich und detailliert wie möglich geschrieben wird, damit die KI das gewünschte Ergebnis entsprechend der Eingabe erzielt.

https://openai.com
OpenAI ist eine Organisation, die sich der Erforschung und Entwicklung von Künstlicher Intelligenz verschrieben hat, an der Microsoft maßgeblich beteiligt ist. Die Website enthält eine Fülle von Informationen über ihre Forschung und Entwicklungen sowie eine Vielzahl von Ressourcen für Entwickler, Forscher und Wissbegierige. Dies ist zurzeit eine der wichtigsten KI-Websites.

Wenn Sie direkt loslegen möchten, hier die Website für den Chat, bekannt als ChatGPT (GPT steht für "Generative Pre-trained Transformer"):
https://chat.openai.com/chat
Nach der Anmeldung beginnen Sie doch gleich mit Fragen und Aufgaben für die KI! Lassen Sie sich Briefe, Examen, Hausaufgaben schreiben und erledigen, oder erfahren Sie, wie Sie ihr Business verbessern können.
Ideal für Einsteiger in die KI.

Tipp: Für den Google Chrome Browser gibt es von Openai eine Extension für zusätzliche Funktionen. Gehen Sie dazu zum Google Chrome Web Store und laden Sie die Extension "Ultimate Toolbar GPT". Wenn zu viele Anfragen gleichzeitig an Chatgpt erfolgen, erhalten Sie eine Fehlermeldung, wechseln Sie dann einfach den Browser und weiter geht`s.

https://aws.amazon.com/de/free/machine-learning
Dies ist die KI-Website von Amazon mit vielen nützlichen Anwendungen.
Tipp: Erhalten Sie unter "Willkommen bei AWS" Anleitungen und Videos für den Einstieg in die KI bei Amazon.

https://www.perplexity.ai

Perplexity.ai ist eine ChatGPT-Alternative. Sehr interessant ist, dass die Informations-Quellen angegeben werden. Keine Registrierung erforderlich, hier können Sie direkt loslegen. Ideal für Einsteiger in die KI.

https://www.insidr.ai
Diese Website ist eine hervorragende Quelle für verschiedene KI-Websites und Tools.

https://www.futurepedia.io
Hier finden Sie eine Übersicht über fast alle KI-Websites. Tipp: Filtern Sie nach dem Gesuchten, z.b. "Design" und geben Sie "free" ein, um kostenlose Tools zu erhalten.

https://www.nextpedia.io
NextPedia bietet eine Übersicht über interessante KI-Websites und Projekte aus vielen Bereichen. Benutzern wird ermöglicht, wissenschaftliche Publikationen effizient zu durchsuchen und zu verstehen. Die Plattform verwendet fortschrittliche Algorithmen und maschinelles Lernen, um komplexe wissenschaftliche Texte in verständliche Zusammenfassungen umzuwandeln. Benutzer können nach Schlagwörtern, Themen oder Autoren suchen und erhalten dann eine Zusammenfassung der relevanten Ergebnisse. Die Plattform ermöglicht es Benutzern auch, die Volltextversion der Publikationen zu öffnen, um weitere Details zu erfahren.
Tipp: Stellen Sie „Prizing" auf „free" für die Anzeige von kostenlosen KI-Anwendungen.

https://replika.com
Replika ist ein KI-Chatbot, der es Nutzern ermöglicht, mithilfe von künstlicher Intelligenz einen ganz persönlichen

"Freund" zu erstellen, mit dem man Unterhaltungen führen kann. Der Chatbot kann empathisch handeln und Beziehungen zum Nutzer aufbauen.

https://www.tensorflow.org

TensorFlow ist eine Open-Source-Plattform für maschinelles Lernen, die von Google entwickelt wurde. Es ist eine der beliebtesten Bibliotheken für maschinelles Lernen und bietet eine Fülle von Ressourcen für Entwickler, darunter Dokumentation, Tutorials und Beispiele.

https://www.coursera.org

Coursera ist eine Online-Lern-Plattform für Bildung und bietet eine Vielzahl von Kursen im Bereich der Künstlichen Intelligenz und des maschinellen Lernens an. Die Kurse werden von führenden Universitäten und Organisationen angeboten und bieten ein breites Spektrum an Wissen und Fähigkeiten. Hier können Sie sich weiterbilden.

https://ocw.mit.edu/index.htm

MIT OpenCourseWare ist eine Online-Plattform für freie Bildung, die von der Massachusetts Institute of Technology (MIT) entwickelt wurde. Perfekt für Studierende und Forscher mit vielen Kursen im Bereich der KI.

https://www.kaggle.com

Kaggle ist eine Online-Lern-Plattform für Datenwissenschaftler und Entwickler, die eine Vielzahl von Herausforderungen im Bereich der Künstlichen Intelligenz und des maschinellen Lernens anbietet. Die Plattform bietet auch eine Fülle von Ressourcen, darunter Datensätze, Tutorials und Beispiele.

https://paperswithcode.com
Papers with Code ist eine Online-Datenbank von Forschungspapieren im Bereich der Künstlichen Intelligenz und des maschinellen Lernens, die auch den zugehörigen Code enthält. Die Website bietet viele Informationen für Entwickler und Forscher.

https://pytorch.org
PyTorch ist eine Open-Source-Plattform für maschinelles Lernen, die von Facebook entwickelt wurde. Es ist eine der beliebtesten Bibliotheken für maschinelles Lernen und bietet viele Beispiele für Entwickler, darunter Dokumentation, Tutorials und Beispiele.

https://aiethicslab.com
AI Ethics Lab ist eine Organisation, die sich der Erforschung und Entwicklung von ethischen Rahmenbedingungen und Best Practices im Bereich der Künstlichen Intelligenz widmet. Die Website bietet eine Fülle von Ressourcen, darunter Forschungspapiere, Blogbeiträge und Schulungsmaterialien, die Entwicklern und Forschern helfen sollen, verantwortungsvolle KI-Lösungen zu entwickeln.

https://machinelearningmastery.com/
Machine Learning Mastery ist eine Online-Plattform für Entwickler und Forscher, die eine Vielzahl von Ressourcen und Tutorials im Bereich der Künstlichen Intelligenz und des maschinellen Lernens bietet. Die Website bietet viele Kurse und Schulungen für Entdecker, die ihre Kenntnisse und Fähigkeiten im Bereich der KI verbessern möchten.

https://deepmind.com/

DeepMind ist ein in Großbritannien ansässiges Unternehmen, das sich der Entwicklung von Künstlicher Intelligenz verschrieben hat. Das Unternehmen ist bekannt für seine Arbeit im Bereich des Deep Learning und hat einige der fortschrittlichsten KI-Systeme der Welt entwickelt. Die Website bietet eine Fülle von Informationen über ihre Forschung und Entwicklungen im Bereich der KI.

https://www.nvidia.com/en-gb/training

Das NVIDIA Deep Learning Institute bietet Schulungen und Zertifizierungen im Bereich der Künstlichen Intelligenz und des maschinellen Lernens an. Die Kurse werden von Experten geleitet und bieten praktische Anleitungen und Übungen, um Entwicklern und Forschern dabei zu helfen, ihre Kenntnisse und Fähigkeiten im Bereich der KI zu verbessern.

https://www.ibm.com/watson

IBM Watson ist eine KI-Plattform, die eine Vielzahl von Anwendungen und Lösungen im Bereich der Künstlichen Intelligenz anbietet. Die Plattform bietet auch Schulungen und Ressourcen für Entwickler und Forscher, die ihre Kenntnisse und Fähigkeiten im Bereich der KI verbessern möchten.

KI-Websites für Videos, Fotos und Grafiken

https://labs.openai.com
Fotoerstellung von Open AI. Beschreiben Sie, so ausführlich wie möglich, was für ein Bild Sie haben möchten und KI erstellt es für Sie.

https://www.canva.com
Canva ist ein Grafikdesign-Tool, das eine Vielzahl von Funktionen bietet, um ansprechende Grafiken, Logos und Präsentationen zu erstellen. Es enthält auch eine Funktion namens "Magic Resize", die es ermöglicht, Grafiken automatisch in verschiedene Größen und Formate zu konvertieren, um sie auf verschiedenen Plattformen zu verwenden. Auch als App fürs Smartphone. In der Basisversion kostenfrei.

https://bing.com/create
Auf der Website von Microsoft kann man mit Hilfe von künstlicher Intelligenz aus Wörtern Kunst und Bilder erstellen. Zurzeit noch nicht in allen Länderregionen verfügbar.

https://imagen.research.google
Auch Google stellt einen Text to Image Generator zur Verfügung.

https://firefly.adobe.com
Adobe bietet eine Website, die durch Vielfalt glänzt. Nahezu alle Bereiche der KI-Bilderzeugung werden angeboten.

https://www.artbreeder.com/create/collage

Artbreeder ist eine Künstliche Intelligenz-Plattform, die es Benutzern ermöglicht, Kunstwerke zu erstellen und zu entdecken, die von künstlicher Intelligenz generiert wurden. Eines der Tools auf der Plattform ist der "Collage Creator", mit dem Benutzer eigene Bilder oder Zeichnungen vorgeben und so ein neues Kunstwerk generieren können. Der "Collage Creator" verwendet fortschrittliche Algorithmen, um Bilder zu verschmelzen und zu verzerren, um neue und einzigartige Kompositionen zu erstellen. Die Plattform ist kostenlos zu nutzen und ermöglicht es Benutzern, ihre Kunstwerke zu teilen und in der Community zu interagieren.

https://creator.nightcafe.studio/

NightCafe Studio Creator ist eine Online-Plattform, die es Benutzern ermöglicht, einzigartige 3D-Charaktere zu erstellen und anzupassen. Mit der Plattform können Benutzer verschiedene Parameter anpassen, um ihre Charaktere zu gestalten, einschließlich der Körpergröße, der Hautfarbe, der Frisur und der Kleidung. Die Plattform bietet auch eine Fülle von Accessoires und Kleidungsstücken, um die Charaktere weiter anzupassen. Sobald ein Benutzer seinen Charakter erstellt hat, kann er ihn exportieren und in anderen Anwendungen oder Projekten verwenden. Die Plattform ist kostenlos zu nutzen und bietet eine einfache und benutzerfreundliche Benutzeroberfläche.

https://pixlr.com

Pixlr ist ein Online-Tool zum Erstellen von Grafiken und Bearbeiten von Fotos. Es bietet eine Vielzahl von Funktionen, einschließlich Filtern, Effekten und Werkzeugen zur Bildbearbeitung mit Hilfe von KI.

https://www.gimp.org
GIMP ist ein Open-Source-Grafikdesign-Programm, das eine Vielzahl von Werkzeugen und Funktionen bietet, um ansprechende Grafiken und Illustrationen zu erstellen. Es enthält auch Funktionen zur Bildbearbeitung und Optimierung.

https://imgcreator.ai
ImgCreator ist eine auf künstlicher Intelligenz basierte Online-Plattform, die es Nutzern ermöglicht, Bilder und Grafiken zu erstellen, ohne dass sie über umfangreiche Kenntnisse in Bildbearbeitung oder Design verfügen müssen. Die Plattform nutzt fortschrittliche Algorithmen, um die Benutzer durch den Prozess der Erstellung von Bildern und Grafiken zu führen, indem sie Vorlagen und Anleitungen bereitstellt und es den Nutzern ermöglicht, ihre eigenen Anpassungen und Änderungen an den erstellten Designs vorzunehmen.

https://www.chatba.com
Chat BA ist eine KI-Anwendung für die Erstellung von Präsentationsmedien.

https://www.d-id.com
D-ID erstellt mit Hilfe von künstlicher Intelligenz Avatare (Computergenerierte menschliche Personen).

https://fliki.ai
Verwandelt Texteingaben in Videos mit realistischen Stimmen.

https://diffusionbee.com
Kostenlose Website für macOS-User.

KI-Tools für die Erstellung von Websites

https://de.wix.com
https://support.wix.com/de/article/adi-eine-neue-website-in-adi-erstellen
Wix ADI ist ein KI-basiertes Tool, das es Benutzern ermöglicht, eine Website zu erstellen, ohne dass sie Programmierkenntnisse benötigen. Das Tool verwendet maschinelles Lernen, um eine Website zu erstellen, die den Bedürfnissen des Benutzers entspricht.

https://www.bookmark.com
Bookmark ist ein Website-Baukasten, der Künstliche Intelligenz einsetzt, um Benutzern bei der Erstellung von Websites zu helfen. Das Tool nutzt maschinelles Lernen, um eine Website zu erstellen, die auf den Anforderungen des Benutzers basiert.

https://uizard.io
Uizard ist eine Plattform für Künstliche Intelligenz, die es Benutzern ermöglicht, schnell und einfach Web-Designs zu erstellen, ohne dass umfangreiche Kenntnisse in Programmierung oder Design erforderlich sind. Die Plattform verwendet fortschrittliche Technologien wie maschinelles Lernen und Computer Vision, um aus Handzeichnungen oder Skizzen von Benutzern automatisch vollständige HTML-, CSS- und JavaScript-Code zu generieren, der direkt in Webanwendungen integriert werden kann. Uizard kann Entwicklern, Designern und anderen Fachleuten in der Technologiebranche helfen, Zeit und Ressourcen zu sparen, indem sie den Prozess der Erstellung von Webanwendungen vereinfachen und beschleunigen.

https://www.grid.ai

Grid ist ein KI-basierter Website-Baukasten, der es Benutzern ermöglicht, eine Website zu erstellen, indem sie einfach Inhalte hinzufügen und anpassen. Das Tool nutzt maschinelles Lernen, um eine Website zu erstellen, die auf den Anforderungen des Benutzers basiert.

https://tilda.cc/de

Tilda ist ein Website-Baukasten, der KI-Technologie verwendet, um Benutzern bei der Erstellung von Websites zu helfen. Das Tool bietet eine Vielzahl von Vorlagen und Funktionen, die den Benutzern helfen, eine Website zu erstellen, die ihren Anforderungen entspricht.

KI-Websites für Text zu Sprache

https://elevenlabs.io
Eine sehr schöne Website, die aus dem eingegebenen Text klare Sprache ausgibt. Perfekt für Englisch, sonst mit starkem Akzent in der Stimme.

https://readloud.net
Eine weitere Website für Text zu Sprache, die viele verschiedene Ausgabesprachen beherrscht.

https://www.naturalreaders.com
NaturalReader ist eine Online-Plattform, die es Benutzern ermöglicht, Texte in natürliche Sprache zu konvertieren und vorlesen zu lassen.

www.ingramcontent.com/pod-product-compliance
Lightning Source LLC
LaVergne TN
LVHW051644050326
832903LV00022B/877